# METODOLOGIA E IDEOLOGIA DO TRABALHO SOCIAL
## Crítica ao funcionalismo

**EDITORA AFILIADA**

**Dados Internacionais de Catalogação na Publicação (CIP)**
**(Câmara Brasileira do Livro, SP, Brasil)**

Faleiros, Vicente de Paula. 1941.
Metodologia e ideologia do trabalho social. Vicente de Paula Faleiros. — 12. ed. — São Paulo : Cortez, 2011.

Bibliografia.
ISBN 978-85-249-0389-2

1. Serviço Social 2. Serviço Social – América Latina 3. Serviço Social – Metodologia I. Título.

81-0417

CDD-361.98
-361.001
-361.0018

**Índices para catálogo sistemático:**

1. América Latina : Serviço social 361.98
2. América Latina : Trabalho social : Serviço social 361.98
3. Metodologia : Trabalho social : Serviço social 361.0098
1. Trabalho social e ideologia : Serviço social 361.001

Vicente de Paula Faleiros

# METODOLOGIA E IDEOLOGIA DO TRABALHO SOCIAL
## Crítica ao funcionalismo

*12ª edição*
*10ª reimpressão*

METODOLOGIA E IDEOLOGIA DO TRABALHO SOCIAL: crítica ao funcionalismo
Vicente de Paula Faleiros

*Capa:* Carlos Clémen
*Revisão:* Maria de Lourdes de Almeida
*Composição:* Dany Editora Ltda.
*Coordenação editorial:* Danilo A. Q. Morales

Nenhuma parte desta obra pode ser reproduzida ou duplicada sem autorização expressa do autor e do editor.

© by Autor

Direitos para esta edição
CORTEZ EDITORA
Rua Monte Alegre, 1074 – Perdizes
05014-001 – São Paulo – SP
Tel.: (11) 3864-0111   Fax: (11) 3864-4290
E-mail: cortez@cortezeditora.com.br
www.cortezeditora.com.br

Impresso no Brasil – abril de 2018

*Para Elvira, Waldemar, Eva, Álvaro e André*

# OBRAS DO AUTOR

## CORTEZ EDITORA

### Livros

Metodologia e ideologia do trabalho social. Traduzido do original espanhol *Trabajo social — ideologia y método*. 6ª edição, 1986. 144p.

Política social do estado capitalista. 4ª edição, 1985, 176p.

Saber profissional e poder institucional. 1ª edição, 1986, 160p.

Trabalho da política (O) — saúde e segurança dos trabalhadores. 1ª edição, 1992. 312p.

### Artigos publicados na Revista Serviço Social & Sociedade

Alternativas metodológicas da pesquisa em Serviço Social. (21): 5-17, agosto de 1986.

Análise dos cursos de graduação — relatório da área de Serviço Social (17): 157-63. Abril de 1985. Trabalho feito em co-autoria com Dilséa Adeodata Bonetti e Josefa Batista Lopes.

Espaço institucional e espaço profissional. (9): 137-52. Ano I, setembro de 1979.

Formas ideológicas da participação. (9): 17-26. Ano III. agosto de 1982.

Por um Serviço Social alternativo (discurso). (5): 34-8. Ano II, março de 1981.

Serviço Social nas instituições — hegemonia e prática. (17): 30-40. Ano VI, abril de 1985.

Trabalho social com hansenianos. (17): 121-31. Ano VI, abril de 1985. Trabalho feito em co-autoria com Eda Gomes de Barros Lima.

... Conscientizar é debater e lutar e não moldar e manipular. Depoimento a Mariangela Belfiore, Maria Carmelita Yazbek e Raquel Raichelis (2): 127-38. Ano I, março de 1980.

### BRASILIENSE

O que é Política Social.
Coleção Primeiros Passos. (168): 1986, 88p.

"Conhecer é resolver"
*José Marli*

"Resolver é rejeitar"
*Alain Badiou*

# Sumário

Prefácio à edição brasileira .................................................. 11

**CAPÍTULO 1** — Contribuição a uma análise crítica do Serviço
Social Latino-Americano ................................................ 13
Perspectiva de análise ..................................................... 14
Do século XVI ao XIX .................................................... 16
O século XX ................................................................... 19

**CAPÍTULO 2** — Ideologias do Serviço Social ........................ 26
Considerações de caráter teórico sobre o conceito
de ideologia ................................................................ 27
A ideologia liberal no Serviço Social ............................. 32
A ideologia desenvolvimentista ..................................... 36
A ideologia revolucionária ............................................. 40
Conclusão ....................................................................... 42

**CAPÍTULO 3** — Sujeito e objeto do Serviço Social ................ 44
A predominância da situação ......................................... 45
A predominância do sujeito ........................................... 51
A relação sujeito-objeto ................................................. 53

**CAPÍTULO 4** — Positivismo e Dialética no Trabalho Social ... 56
Desenvolvimento histórico do conceito de ciência ....... 57
Lógica da dominação ..................................................... 61
Lógica da libertação ....................................................... 68

CAPÍTULO 5 — *A sistematização do Trabalho Social* ............ 75
             Perspectiva geral de análise ............................ 75
             Processos de ruptura .................................... 77
             Estrutura e estratégia sistemática ...................... 82

CAPÍTULO 6 — *Estratégias para ação* ............................ 84
             Ciência e técnica social ................................ 85
             A relação meio-fim no trabalho social ................... 89
             A ação profissional ..................................... 91
             Os atores e a estrutura ................................. 94

CAPÍTULO 7 — *Problemática da conscientização* .................. 96
             Conscientização e ação .................................. 98
             Comunicação e conscientização ........................... 102
             A ação política ......................................... 109

CAPÍTULO 8 — *Reconceituação: Ação política e Teoria Dialética*. 112
             Reconceituação e contemporaneidade no Serviço
               Social ................................................ 112
             Polarização e pulverização de tendências ................ 117
             O paradigma das relações interindividuais ............... 125
             O paradigma das relações de força, poder e
               exploração ............................................ 132

# Prefácio à edição brasileira

Quase dez anos depois de publicado em Buenos Aires, sai em português este livro que suscitou debate e, de certa forma, contribuiu à renovação do pensamento latino-americano sobre o Serviço Social.

Há dez anos era quase impossível editá-lo no ambiente sufocante da cultura brasileira. Este livro surgiu de uma reflexão da experiência chilena, de uma conjuntura em que não só o Serviço Social como também toda a política de dominação eram questionados por vastos setores da sociedade civil chilena, o que não era permitido no Brasil.

Foi no contexto de uma aguda mobilização popular que buscamos refletir sobre o Serviço Social, repensando, coletivamente, novas formas de atuação e compromisso. Muitas das discussões com os colegas da Escola de Serviço Social da Universidade Católica de Valparaíso estão nestas páginas.

Muitas experiências foram então tentadas no curto período de três anos (1970-73) e grande número de trabalhadores sociais se puseram em campo para refazer suas formas de ação. Um dia, talvez, essas experiências — pelas quais alguns pagaram com a vida, outros com o exílio, outros com a prisão e o desemprego — devam ser contadas. Mas a perspectiva aberta não se fechou. Mais lentamente e talvez de outras formas, certamente, a busca continua.

A edição em espanhol, ora traduzida, retoma essas colocações originais de forma revista e ampliada. Revisamos todos os capítulos, eliminando trechos considerados obscuros e modificamos significativamente a redação de alguns capítulos, como o segundo e o quinto. Incluímos novo capítulo, escrito especialmente para esta edição, que tenta retomar a elaboração teórica do Serviço Social nesses dez anos, ao menos de forma parcial.

Foi, de 1970 a 1980, que o Serviço Social latino-americano desatou, de forma definitiva, as amarras com uma concepção funcionalista e conservadora de sua atuação. E o livro ora editado foi um passo nesse sentido. Muitos fazem distinção clara entre Serviço Social e Trabalho Social para designar essa ruptura. No nosso livro não nos fixamos numa terminologia assim precisa, mas em concepções em conflito, dentro de uma categoria que chamamos de assistentes ou trabalhadores sociais. Mesmo que haja um decreto designando a todos "trabalhadores sociais", as lutas teóricas e práticas continuariam. No entanto buscamos identificar a expressão "trabalho social" com uma nova corrente, de forma genérica e vaga. Praticamente seria impossível destacar com precisão o que é Serviço e o que é Trabalho Social. Aliás, os próprios funcionalistas se chamam *social-workers*, trabalhadores sociais.

O primeiro capítulo coloca o problema do Serviço ou do Trabalho Social no contexto latino-americano. No segundo tratamos da ideologia, e a seguir da problemática do objeto (terceiro), método (quarto e quinto), objetivos (sexto e sétimo). O capítulo oitavo retoma toda essa problemática, que, aliás, só foi separada para efeito de exposição.

Com esta edição esperamos contribuir para maior e melhor divulgação deste trabalho que ainda vem recebendo a acolhida generosa das novas gerações de estudantes que, depois de tantos anos de sufoco, buscam perspectivas de uma sociedade e de um serviço ou trabalho social alternativos.

## Capítulo 1

# Contribuição a uma análise crítica do Serviço Social latino-americano

A análise do Serviço Social, assim como a de diferentes disciplinas, pode ser feita segundo diferentes perspectivas e com diversidade de métodos. A maneira idealista de realizar esta análise é partir de certas definições ou de fatos isolados. Geralmente o Serviço Social se apresenta como uma série de práticas ou "experiências" que têm um caráter "ativista", imediato e pragmático, e que não oferece um material elaborado para uma investigação posterior.

Às vezes o Serviço Social é apresentado historicamente a partir de suas origens, como uma evolução progressiva da caridade e da ajuda, numa colocação isolada da própria história e dos fundamentos que condicionam os "fatos" históricos.

Nossa análise tem por objeto focalizar o Serviço Social na América Latina. Não para contar sua história nem para enumerar seus indicadores, como o faz Virgínia Paraíso,[1] mas para tentar estudar suas características gerais em relação à estrutura sócio-econômica latino-americana, buscando-se um enfoque global de análise. Trata-se também de uma crítica que permite a formulação de um novo Serviço Social, a partir do próprio movimento histórico de sua identidade e sua diversidade.

Esta colocação está vinculada à problemática das ideologias, pois o Serviço Social se situa neste nível enquanto saber e prática. Para uma refle-

---

1. Paraíso, Virgínia. *El Servicio Social en América Latina*. Montevideo. Editorial Alfa, 1969, 2ª Edición.

xão sobre ele é necessário fazer uma elaboração teórica, uma produção de conceitos que aclarem e transformem a experiência.

Buscaremos situar o Serviço Social no contexto da realidade latinoamericana. Essa perspectiva implica, por sua vez, numa teoria, num esquema global da análise da própria realidade, que a represente abstratamente (não de forma fechada nem dogmática), e que seja o resultado de um processo investigador anterior.

## Perspectiva de análise

A hipótese geral sobre o surgimento e o desenvolvimento do Serviço Social na América Latina pode ser formulada nos seguintes termos: O Serviço Social se "fundamenta" na negação dos antagonismos do modo de produção capitalista. Ele atua, na prática, na "camuflagem" ou na diminuição desses antagonismos. Deriva daí sua própria contradição.

Já Coser e Kruse[2] assinalaram que o Serviço Social nega as contradições. Por outro lado, como ideologia, ele atua em função do mascaramento dessas próprias condições. Na prática, o Serviço Social realiza tarefas de adaptação, orientação, capacitação do homem para viver em sociedade, administração dos conflitos, introdução de inovação e melhoramentos, mobilização de recursos, assistência, orientação para a mudança social controladas (Virgínia Paraíso) e de execução de certas "técnicas de ajuda", O Serviço Social, do ponto de vista da sua atuação prática, tem-se conduzido de maneira empírica e assistemática (*Documento de Araxá*, Kisnerman e Frum),[3] combinando empirismo, humanismo e tecnocracia.

Marx, na *Miséria da Filosofia*,[4] fala da "Escola Humanitária" como aquela que busca remediar, ainda que pouco, os contrastes reais, e que aconselha os operários a serem moderados. Segundo Marx, a teoria humanista se compõe de distinções intermináveis entre teoria e prática, princípios e resultados, idéia e aplicação, conteúdo e forma, essência e realidade, direito e fato, bondade e maldade. Para Marx, a "Escola Filantrópica" é a Escola

---

2. Kruse, Herman y Coser. *Ideologías y Servicio Social*. Montevideo, Editorial Alfa, 1969, 2ª Edición, p. 123.

3. Paraíso, Virgínia, op. cit., e Frum, Luis Maria. *Hacia una Metodología de Integración. Hoy en el Servicio Social*. N° 18, Buenos Aires, 1970, p. 52.

4. Marx, Karl. *Misère de la Philosophie*. Oeuvres: Economie I. Paris, Editions Gallimard, Bibliothèque de la Pléiade, 1965, p. 93.

Humanitária aperfeiçoada. Aquela nega a necessidade do antagonismo; quer fazer de todos os homens sujeitos burgueses.

Essas reflexões aplicam-se concretamente ao Serviço Social em geral e ao Serviço Social latino-americano em particular. A semelhança entre as colocações do Serviço Social e as de Proudhon fazem supor que o primeiro tem uma de suas justificações teóricas num socialismo utópico que estigmatiza a pobreza, descrevendo-a corretamente (com fichas, relatórios, informes), e remediando casos de crianças e velhos abandonados, e de pobres vagabundos. Enquanto isto a sociedade continua produzindo milhões de homens famintos, desempregados e pobres, sem o consolo de panacéias universais como ajudas, cooperativas, asilos etc.

Engels disse[5] que, para os socialistas utópicos, o socialismo é a expressão da verdade absoluta, da razão e da justiça e basta descobri-lo para que por sua própria virtude conquiste o mundo.

O Serviço Social na América Latina pode situar-se dentro deste marco geral, correspondendo-nos estudar seu desenvolvimento concreto, sua prática, que se foi modificando paulatinamente dentro do sistema, incorporando circunstancialmente certos descobrimentos da psicologia, da sociologia e da antropologia. Para situar essa prática, consideraremos os modelos de análise da história latino-americana para poder relacioná-los com o desenvolvimento do Serviço Social.

Existem vários modelos de explicação do subdesenvolvimento e do desenvolvimento econômico da América Latina, como, por exemplo, o rostowiano, o cepalino, o marxista ortodoxo, o da dependência.

Entre esses modelos teríamos que escolher um ou vários, que permitissem uma visão geral e dialética da história da América Latina, em suas relações internacionais e em suas contradições internas.

O modelo cepalino (da CEPAL) concebe o desenvolvimento como o "desenvolvimento para fora" e "o desenvolvimento para dentro".[6]

O primeiro período da história econômica latino-americana corresponde à época colonial, caracterizada pela exportação de matérias-primas, tendo o centro de decisões deslocado (distanciado) da realidade local.

Os países latino-americanos tornaram-se, então, monoprodutores. A partir de 1930 processou-se o desenvolvimento para dentro, pela substitui-

---

5. Engeis, Friedrich. *Del Socialismo Utópico al Socialismo Científico*. Obras escogidas. Moscú, Editorial Progreso, 1969, p. 434.

6. Martner, Gonzálo. *El Pensamiento Estructuralista y la Crisis en las Ciencias Sociales*. Cuadernos de la Realidad Nacional, n. 4, junio 1970, Santiago, p. 109.

ção de importações, pela formação de um mercado interno, pela industrialização e pela modernização dos equipamentos. Não vamos fazer críticas a esse modelo, mas aproveitá-lo no que tem de *descritivo* de uma parcela da realidade latino-americana.

O modelo da teoria da dependência concebe a história da América Latina segundo as relações de dominação e de dependência entre as metrópoles internacionais (Espanha, Portugal, Inglaterra, Estados Unidos etc.) e os países latino-americanos no contexto do capitalismo internacional. Essa dominação faz de nossas economias centros periféricos e satélites dos centros internacionais que se aproveitam, para se desenvolverem, do excedente econômico produzido nos países subdesenvolvidos. Desenvolvimento de uns é subdesenvolvimento de outros, numa relação complexa, externa e internamente. Não se trata de uma relação mecânica e automática entre centro e periferia, mas da combinação da relação externa com as contradições internas desses países.

A dominação internacional é interativa com a dominação nacional. Formam-se metrópoles nacionais e as classes dominantes e dominadas conflituam-se a nível local e internacional.

A industrialização tem relação direta com as crises nas metrópoles, que favorecem o mercado interno dos países dependentes.

Os outros modelos citados estão em função da ideologia da classe dominante (o etapismo de Rostow) ou de uma ortodoxia (o marxista ortodoxo) e por isto não servem aos objetivos a que nos propomos neste capítulo.

A teoria da dependência é mais ampla que a cepalina, podendo explicá-la. Como conseqüência disso é a que será adotada como quadro referencial analítico.

Os períodos, enunciados de forma muito geral, assim se apresentam porque o são para os fins deste capítulo. Não haveria razão para chegar aos detalhes de datas muito precisas.

A seguir colocamos algumas anotações que poderão servir a uma investigação mais profunda e sistemática.

## Dos séculos XVI a XIX

Como nesta etapa (dos séculos XVI a XIX) não existia um Serviço Social profissional, não detalharemos a análise das formas de "ajuda" ou de "assistência" então existentes.

Nesta época todos os países latino-americanos constituíam uma economia periférica que fazia parte do capitalismo mercantil europeu. Os países da América Latina eram exportadores de matérias-primas, como ouro, prata, cana, fumo, cobre, salitre, cacau, madeira. Até o século XIX as metrópoles eram Portugal e Espanha, quando interfere o imperialismo inglês, que passou a dominar o comércio internacional e o capital financeiro.

A assistência social neste período consistiu na proteção parcial aos velhos, às crianças, aos doentes e aos pobres com base nas Leis das Índias (1500-1542) e na atribuição de favores em troca de lealdade das classes dominadas.

A assistência era praticada pelas classes dominantes, que, no Brasil, viviam em grande parte do trabalho escravo e organizavam-se em torno da exportação; eram compostas pelos comerciantes, latifundiários e altos funcionários do reino.

Do ponto de vista ideológico a assistência era religiosa e moral, como doação caritativa e desinteressada. A pobreza era considerada fenômeno "normal" e, por isso mesmo, justificável. Se uma parte da Igreja se rebelava contra a escravidão, outra parte a defendia.

A religião foi a principal mistificação ideológica da assistência, ficando o povo com uma visão fatalista da miséria. Enquanto as classes dominantes organizavam para si hospitais, chamando médicos e cirurgiões da Europa, ou indo à Europa para tratar suas doenças, o povo (escravos, artesãos, oficiais etc.) era tratado por curandeiros.

As instituições de assistência (patronatos ou irmandades) estavam sob os auspícios da Igreja e prestavam ajuda "material e espiritual" aos seus sócios, em vida e na hora da morte, garantindo-lhes um lugar no cemitério da irmandade. As irmandades se discriminavam por classe social: dos escravos, comerciantes, senhores.

Os valores e as atitudes das classes dominantes projetavam-se no povo. O misticismo constituía uma forma dominante de alienação. Os movimentos de rebelião dos nativos, dos operários e dos escravos foram locais e atomizados, sem organização clara e precisa desde o ponto de vista da luta de classes.

As oligarquias latino-americanas lutaram, em função dos seus próprios interesses ou dos de outras metrópoles, pela independência dos seus governos face à dominação das metrópoles.

Toda a educação estava nas mãos da oligarquia e se assistia a uma seleção econômica dos alunos ao ensino bacharelesco.

Nesse longo período o fato mais importante nas metrópoles foi a revolução industrial. Daí se derivou a uma divisão internacional do trabalho: as colônias produziam matéria-prima e compravam produtos manufaturados. Face à revolução industrial a assistência social nas metrópoles assumiu novas formas que não cabe estudar aqui em detalhes.

As disfunções do sistema capitalista industrial se tornaram por demais manifestas. Os antagonismos de classe chegaram ao seu auge. O homem tornou-se mercadoria e tinha que vender sua força de trabalho, no mercado, para sobreviver.

Na Europa começou um movimento favorável à legislação social e às chamadas "mutualidades" (*mutualités*). As mutualidades tinham por objetivo o socorro mútuo em caso de doença, de morte, de nascimento. Elas não questionavam o sistema produtivo então existente. Nessa época a assistência pública foi organizada, com o objetivo de remediar um pouco os grandes problemas causados pela exploração e de manter e reproduzir a mão-de-obra necessária ao capitalismo.

Nesse período desenvolveu-se a idéia de justiça social, que muito influenciou o Serviço Social, e que punha ênfase justamente no aspecto distributivo dos bens (justiça distributiva), para que não fosse afetada a propriedade dos meios de produção, destacando-se as idéias de igualdade formal, de igualdade de direito face à lei abstrata, que Marx chama de direito igual para um trabalho desigual.[7]

A "questão social"[*] era enfocada como um problema de *ajuda* do Estado (liberal) e como um problema de *repressão*. A *ajuda* e a *repressão* combinavam-se para a manutenção da ordem social e da força de trabalho.

Em 1917, Mary Richmond tentou "racionalizar" essa assistência dando-lhe uma visão "terapêutica", que considera a "questão social" como uma doença que necessita de diagnóstico e de tratamento, a partir do indivíduo.

O Serviço Social nasceu dependente de fatores que guardam relação com o surgimento do capitalismo: o desenvolvimento das forças produtivas na metrópole e o desenvolvimento das técnicas e da ciência. Em outras palavras a "questão social" (situação social e exploração dos operários na indústria) e o desenvolvimento da medicina, da assistência médica

---

7. Marx, Karl. *Critique du Programme du Parti Ouvrier Allemand*. Oeuvres: Economie I. Paris, Editions Gailimard, Bibliothèque de la Pléiade, 1965, p. 1420.

* A expressão "questão social" é utilizada neste trabalho por comodidade, significando o resultado da LUTA DE CLASSES e não um problema disfuncional da sociedade.

às doenças levaram as classes dominantes a modificar sua estratégia face à população.

Trabalho e saúde passaram a ser os fatores fundamentais do desenvolvimento da mão-de-obra. Na Europa os próprios industriais mantinham escolas de serviço social, sendo outras ligadas ao exercício da medicina. A exploração da mão-de-obra implicava manutenção no trabalho e energia disponível.

Nas metrópoles aceitava-se como "fato natural" a existência da exploração do operário assim como a exploração das colônias ou dos países dependentes pelos países dominantes.

Na América Latina continuou predominando o assistencialismo arbitrário, controlado diretamente pela Igreja e pelos senhores locais. Na distribuição de favores e ajuda buscava-se a lealdade e a submissão das classes subalternas, que eram submetidas ao mais duro regime de trabalho para produzir para a exportação e devendo ainda manter uma economia de subsistência para seu próprio consumo. Elas eram excluídas de toda atenção médica, como direito. Só lhes restava o arbítrio de uma Santa Casa, em circunstâncias dependentes da "bondade" do Senhor.

## O século XX

No século XX prosseguiu na América Latina a exploração capitalista dos excedentes econômicos,[8] sobretudo com a exploração de diversas riquezas minerais e a apropriação das indústrias, por meio de *trusts* e/ou de conglomerados internacionais. A metrópole passou a ser, de forma predominante, os Estados Unidos da América. Vários mecanismos internos e externos levaram a isto.

Houve um contínuo e marcado declínio nos termos de intercâmbio da América Latina com as metrópoles, e os setores ou regiões antes considerados desenvolvidos chegaram ao subdesenvolvimento em função dos interesses da metrópole. A industrialização de substituição de importação não chegou, no Chile, a satisfazer a demanda interna, e em outros países, como o Brasil, ficou na produção de bens de consumo ou de bens que atendem a um setor pequeno da população, o setor que tem cada vez mais a renda concentrada em suas mãos. Esse fenômeno se chama "o círculo vicioso da

---

8. Gunder Frank, André. "Chile: el Desarrollo del Subdesarrollo". *Monthly Review*. Edición Especial, 2ª ed. 1967, p. 140.

riqueza" e não é outra coisa a não ser a "produção de mais-valia". Trata-se de um processo "concentrador e excedente".

Neste período surgiram diversos governos ditatoriais na América Latina (Argentina, Brasil, Colônia, Venezuela), que atenderam de maneira populista (fenômeno do populismo) às reclamações e as reivindicações das classes urbanas, agrupadas em torno da industrialização e ocasionando uma crescente urbanização. Referimo-nos ao período que vai até a Segunda Guerra Mundial.

Esta Guerra Mundial provocou uma crise nas metrópoles, afrouxando-se um pouco o controle que estas tinham sobre seus satélites. Assistiu-se então a uma modificação do processo de industrialização dos países dependentes, que se deve também a fatores de caráter interno (como a existência de certo número de indústrias, à capacidade ociosa das indústrias), bem como a fatores políticos e comerciais.

Nos anos trinta teve início na América Latina uma legislação social, organizando-se sindicatos com a proteção e o paternalismo do Estado. Em certos países, como o Chile, os sindicatos eram independentes e opositores ao Estado.

A idéia de "paz social" justificou certas associações de caráter nacional, como o SESI (Serviço Social da Indústria) e o SESC (Serviço Social do Comércio) no Brasil (no pós-guerra).

O Serviço Social foi implantado na América Latina justamente nesse período (entre 1925 e 1936) por uma espécie de transplante europeu, mas com vinculações típicas com a estrutura e as formações sociais latino-americanas. Começou com a criação de Escolas de Serviço Social, segundo o modelo europeu, organizadas em torno do binômio trabalho e saúde da mão-de-obra.

Os métodos de ensino e de trabalho foram "copiados" das escolas européias, com uma ideologia determinada: servir ao sistema existente, isto é, ao capitalismo, no sentido de correção dos problemas disfuncionais deste.

Neste período todo o ensino do Serviço Social era baseado no modelo europeu: currículo com predomínio do ensino de disciplinas vinculadas à saúde e com ênfase também na legislação social. Predominava a prática com casos, sobretudo as tarefas de *aconselhamento* e de consolo.

A idéia de adaptar o homem à sociedade já estava formulada implicitamente nos programas de saúde e de assistência aos operários. Segundo esta concepção a sociedade estava dividida entre os bons e os maus, e cabia ao Serviço Social a missão de reconduzir os desviados ao "bom caminho".

O Serviço Social via-se ligado às instituições do Estado e às instituições religiosas que começaram a empregar os profissionais formados nas Escolas recém-fundadas por religiosas católicas, belgas e francesas. Igreja, Estado e empresariado foram constituindo os campos de trabalho do Assistente Social.

A visão *religiosa* e moral dos problemas da classe operária predominava ainda nos debates parlamentares, combinada com uma visão profilática da raça (melhorar a raça), e com a visão do capital humano necessário à industrialização e ao "progresso". Igreja, Estado e empresariado estavam articulados politicamente e portanto ideologicamente.

As tensões sociais passaram a ser objeto de estudo e se tornaram cada vez mais profissionalizadas.

Evidentemente estas justificativas foram elaborando-se paulatinamente. Como afirma Lucien Goldman "o otimismo cartesiano de Durkheim, a pouca realidade que tinha para ele o problema das ideologias, expressavam a tradição otimista de uma burguesia que havia sido relativamente pouco aquebrantada pelo desenvolvimento de um proletariado que poderia opor-lhe sua própria visão socialista".[9] Este otimismo estava presente nas classes dominantes latino-americanas, e teve seu auge no Serviço Social latino-americano a partir de 1945. Os Estados Unidos tornaram-se indiscutivelmente a metrópole mundial, que dominou o mercado mundial e a produção. Eles impuseram um sistema de aliança com a América Latina (um de seus aliados básicos), numa nova divisão internacional do trabalho. Na América Latina eles obtinham a matéria-prima e o mercado para seus produtos manufaturados.

Para dominar melhor, os Estados Unidos instituíram, por meio de organismos internacionais, certos mecanismos de ajuda e "cooperação", que culminaram com a Aliança para o Progresso. O Serviço Social latino-americano passou a importar o "enlatado" americano no que tange à profissão.

Neste período o funcionalismo predomina no meio acadêmico dos Estados Unidos. Continuando Durkheim, os funcionalistas (sobretudo Merton e Parsons) concebem a estrutura social como um conjunto de atores que desempenham certos papéis e têm certos *status*, que se conjugam para o funcionamento do todo, sendo indispensáveis para a conservação dos valores.

A posição ideológica dos funcionalistas é a "neutralidade", que se manifesta no Serviço Social, por exemplo nos famosos princípios do rela-

---

9. Goldman, L. *Las Ciencias Humanas y la Filosofía*. Buenos Aires. Ed. Nueva Visión, Colección Ensayos, 1967, p. 22-77.

cionamento de Biesteck. Esse autor assinala como fundamentais o "não julgamento", a "discreção", o "não envolvimento emocional", a "individualização do problema", enfim a "neutralidade", quer dizer, *a aceitação do sistema* vigente.

O funcionalismo busca a integração do homem ao meio e tem como base o equilíbrio das tensões na unificação social de todos os papéis. O operário tem que ser um bom operário e o patrão um bom patrão. O controle social exerce-se por meio de sanções impostas aos desviantes.

Essa concepção parte do postulado de que o sistema é bom e só há que corrigir suas disfunções mudando o homem ou seu meio imediato. Sob este pressuposto, o funcionalismo mostra sua base conservadora, segundo a qual o homem tem que internalizar os papéis para que a sociedade funcione de forma adequada aos fins propostos pela classe dominante.

O próprio conceito de "marginalidade" está baseado na necessidade de integrar o homem "marginalizado" e "isolado" à sociedade como uma soma de partes, sem que esta seja questionada.

Do ponto de vista ideológico, a neutralidade funcionalista se confunde com o positivismo. Como diz Merton, "Esta comparação sistemática pode bastar para indicar que a análise funcional, do mesmo modo que a dialética, não implica *necessariamente* um compromisso ideológico específico. Isto não quer dizer que, com freqüência, nas obras de analistas funcionalistas não estejam implícitos compromissos. Mas isso parece ser extrínseco e não intrínseco à teoria funcionalista. Aqui, como em outros compartimentos da atividade intelectual, o abuso não nega a possibilidade de uso. Revista criticamente, a análise funcionalista *é* neutra em relação aos grandes sistemas ideológicos. Até este ponto (e somente neste sentido restrito) ela é como as teorias ou os instrumentos das ciências físicas".[10]

Está claramente dito que o funcionalismo propõe, desde um ponto de vista ideológico, uma posição comum para as ciências sociais e as ciências físicas.

O funcionalismo não nega, de maneira explícita, os conflitos sociais; ele os admite. Inicialmente admitia que uma parte poderia mudar o todo, baseada na idéia de ajuste, correspondência, equilíbrio, integração. Gino Germani[11] aceita como ponto de partida o equilíbrio, mas rechaça a corres-

---

10. Merton, Robert K. *Funciones Manifiestas y Latentes*. Edición Mimeografiada del I.C.S.D. de la U.C.V., p. 24.

11. Germani, Gino. *Política y Sociedad en una Época de Transición*. Buenos Aires, Paidós, 1968, p. 22.

pondência, assinalando que a mudança é assincrônica e fazendo notar que as partes da sociedade podem variar de uma quase total independência entre si até um máximo de interdependência. As partes se relacionam ajustando-se ou desajustando-se reciprocamente. Neste sentido o conflito é *funcional*. Trata-se de um conflito de normas entre si, de normas e de circunstâncias e entre grupos "que se encontram desigualmente afetados pela mudança ou que não consideram aplicáveis suas expectativas ou seus papéis internalizados. Esse conflito supõe desintegração".[12] Este tipo de conflito é o não institucionalizado, por isso é considerado "anormal".

A ação social corresponde a um ator (indivíduo ou grupo), numa situação (fins, meios e condições), num quadro normativo (normas, valores, conhecimentos), seguindo essa ação um padrão determinado pelo sistema. A transição é definida como a passagem da sociedade tradicional à sociedade moderna; a primeira é agrícola e a segunda é urbano-industrial.

Pode-se situar o Serviço Social dentro deste enfoque da sociedade e da ação que setoriza, fragmenta e abstrai certos aspectos que são colocados de maneira idealista, sem tomar em conta os antagonismos de classe, segundo sua base econômica de propriedade ou de não propriedade dos meios de produção. Neste enfoque a sociedade como um todo é aceita, isto é, são aceitos os valores burgueses de exploração, de dominação e de mais-valia.

A partir de 1945 o Serviço Social enfatizou o trabalho com grupos, geralmente grupos recreativos e de lazer. Na sociedade norte-americana, a finalidade destes grupos era de "democratizar" os seus membros, por oposição ao nazismo, e resolver problemas pessoais de seus membros. Segundo Konopka, os grupos de Serviço Social tinham a finalidade de possibilitar a *internalização* dos valores da sociedade norte-americana, por meio da interação. Mais tarde os grupos, em Serviço Social, foram utilizados com fins terapêuticos, no sentido de melhor adaptação do homem ao seu meio.

Com estas finalidades o Serviço Social foi transplantado à América Latina e implantado nos Centros Sociais. As práticas destes Centros se resumiam no ensino de bordados, corte e costura, trabalhos manuais, com certa discussão em grupo. Pretendia-se a integração social, a melhora dos indivíduos, a socialização de papéis.

O "desenvolvimento de comunidade" começou a se estruturar na América Latina na década de 50, já com uma visão dualista da sociedade, tendo a modernização, a industrialização, a administração do bem-estar e a planificação como soluções ao subdesenvolvimento.

---

12. Idem, ibid., p. 59.

Os esforços do Serviço Social no campo da comunidade centralizaram-se na coordenação de recursos locais e na investigação estatística. No Congresso Pan-americano de San José da Costa Rica, em 1961, fala-se do Serviço Social como "instrumento para acelerar a consecução de mudanças equilibradas (sic), e como agente de integração".

Os "três métodos do Serviço Social", em 1961, já estavam claramente definidos, somando-se a eles a administração e a planificação. Estes métodos são elaborações teóricas nascidas no próprio seio do capitalismo, como resultado de uma concepção ideológica conservadora da sociedade e de estratégias de controle das classes dominadas pelas classes dominantes.

O Serviço Social considera o indivíduo como "um caso" que se estuda, buscando-se uma solução ao problema imediato: fome, habitação etc., segundo certos recursos que são oferecidos pelo sistema.

Os grupos em Serviço Social são considerados como um conjunto de pessoas em interação, por intermédio dos quais se busca "harmonizar os interesses", chegar ao consenso, à compreensão, a objetivos comuns, dentro do sistema. Estes objetivos são avaliados segundo princípios eternos e valores imutáveis, como a dignidade do homem e o bem-estar ideal.

Pelo desenvolvimento de comunidade busca-se o consenso e a integração com o discurso sobre "interesses comuns", problemas comuns, com o objetivo desenvolvimentista de melhora das condições de vida.

Os "métodos" do Serviço Social são divisões artificiais que negam os próprios fundamentos da sociedade de classes, e atuam tecnicamente, com instrumentos técnicos que foram modernizando-se até chegar ao computador.

O desenvolvimentismo esgota as possibilidades de equilíbrio das tensões; estas são consideradas, mas o que se busca é a sua redução, sua setorização num problema local. Por isso se pensa numa planificação nacional, mas o desenvolvimento é tipicamente localizado numa comunidade.

Mais tarde surgiu o Serviço Social junto às populações marginalizadas, mas isto é outra máscara, pois o conceito de "população marginalizada ou carente" esconde a realidade da exploração e da formação do exército industrial de reserva.

O Serviço Social profissional justifica-se por tratar e corrigir os problemas residuais, tais como um posto de urgência social, um hospital de marginalizados. Os problemas residuais continuam existindo. Fala-se que o Serviço Social deve chegar às causas dos problemas, mas o método que utiliza para atingir seus fins é totalmente positivista, ou seja, relaciona os problemas de maneira estática e mecânica, por exemplo, considera-se que o alcoolismo *é* causado quase exclusivamente por um desequilíbrio psicológico e passa-se então a tratar esse desequilíbrio psicológico, sem um enfoque global da sociedade que permita descobrir as contradições fundamentais ou ir do particular ao geral.

A negação da contradição fundamental do capitalismo tem levado o Serviço Social a *ver* (ou *não ver?*) sua própria contradição: *pretender servir a um homem abstrato numa sociedade que destrói o homem concreto.*

Este capítulo não pretendeu ser a demonstração de uma tese, mas uma primeira aproximação sistemática, a nível teórico, do Serviço Social em sua dimensão histórica e ideológica.

Evidentemente o Serviço Social não pode ser equiparado às ciências físicas, nem se isolar de uma ideologia. Ele é uma práxis, e só pode ser conceitualizado se tem como base um enfoque dialético.

A prática do Serviço Social tem sido totalmente empírica, repetindo-se sempre em função de um resultado imediato e pragmático, sem se criticar.

A tarefa de reconceituação do Serviço Social é uma práxis que não pode ser isolada da própria transformação do sistema capitalista e da ideologia correspondente, com o compromisso histórico de *uma* nova sociedade em vista da superação real dos antagonismos existentes.

## Capítulo 2
## Ideologias do Serviço Social

Poucos estudos foram feitos sobre a problemática das ideologias no Serviço Social. Um deles é de Herman Kruse, no livro *El Servicio Social en América Latina*, no qual esse autor coloca a necessidade de abordagem do problema ideológico no Trabalho Social. Entretanto, Kruse não enfrenta a questão, nem aprofunda seu estudo sobre o assunto.

Este capítulo objetiva realizar uma análise exploratória da questão da ideologia em geral e no Serviço Social em particular. Inicialmente abordamos sumariamente a teoria da ideologia, seguida de uma investigação empírica sobre o discurso das principais manifestações do Serviço Social latino-americano.

Nossa investigação empírica centrar-se-á no estudo de documentos dos Congressos Pan-americanos de Serviço Social e no Projeto da Escola de Trabalho Social de Valparaíso (Chile), em que se manifestam distintas posições ideológicas.

O método de análise utilizado busca aproximar-se do "discurso", estudando-o em dois níveis: o da denotação e o da conotação. A denotação refere-se aos elementos aparentes e manifestos do "discurso". É o nível dos indícios, do sinal, do significante. A conotação refere-se ao nível do oculto, ao nível latente, ao nível do significado.

Esse procedimento metodológico necessita ser situado na teoria da comunicação e da mensagem. Não se centra nem no emissor, nem no receptor, mas na próxima mensagem, nos códigos empregados e em uma passível decodificação.

Ainda que nosso estudo signifique um nível preliminar de análise, decidimos incluir esse tema nesse trabalho, tendo em vista as perguntas (cada dia mais freqüentes) referentes ao aspecto ideológico no Serviço Social. É necessário superar a etapa das inquietações, buscando, no plano teórico, uma sólida fundamentação científica e, no plano prático, participando da luta ideológica, política e econômica das classes subalternas e protagonistas do processo de transformação social.

## Considerações de caráter teórico sobre o conceito de ideologia

As contribuições de Gramsci, Althusser e Poulantzas permitiram a reativação de uma problemática que estava estagnada na consideração mecânica de que a superestrutura é puro reflexo da estrutura, ou apenas um entrave, um bloqueio ao desenvolvimento das forças produtivas.

A tese do "entrave" ideológico fez considerar o plano das superestruturas como secundário, corno resultante da batalha da produção.

O desenvolvimento das forças produtivas dos meios de produção acarretaria, *per se*, a modificação das formas de organização do pensamento e da direção política.

Esse é o fundamento da tese economicista e mecânica da ideologia, da ideologia como puro "reflexo".

A superestrutura seria um obstáculo a ser removido automaticamente, modificando-se à medida que a base se modificasse.

Reagindo a essa concepção, Althusser e Polantzas defendem a tese da autonomia relativa do político[1] e do ideológico.[2]

Para colocar tal questão esses autores dividem a sociedade em três níveis constitutivos: o econômico, o político, o ideológico.

Esses planos, ou níveis, são definidos segundo a *função* que cumprem na estrutura social de reprodução das relações de produção, pois toda formação social — diz Althusser no artigo citado —, "ao mesmo tempo que produz e para poder produzir deve reproduzir as condições de sua produção", reproduzindo os meios de produção e a força de trabalho.

Para que essa força de trabalho se reproduza de forma eficiente e dócil deve-se assegurar fora da, e à parte da produção, seus lugares e sua

---

1. Poulantzas, Nicos. *Pouvoir politique et classes sociales*. Paris, Maspero, 1972, v. I.
2. Althusser, L. *Ideología y aparatos ideológicos del Estado* in *La Filosofía, como Arma de la Revolución*. Córdoba, Cuadernos de Pasado y Presente/4, 1976, p. 97-141.

submissão no processo produtivo por meio de aparelhos específicos que não só reprimem, mas também convencem.

A superestrutura é determinada, em última instância, pela base, mas há uma "ação de retorno" da superestrutura sobre a base.

A ideologia, além de ter uma existência material, própria, define-se não só como nível, mas como *forma* de funcionamento do Estado, que teria uma dupla *função*: a repressão e a ideologia.

A classe dominante, que detém o aparelho do Estado, não pode permanecer no poder "sem exercer ao mesmo tempo sua hegemonia sobre e nos aparelhos ideológicos do Estado", diz Althusser.

A tese em questão coloca a ideologia na teoria geral da reprodução. Mas é necessário indicar que a distinção dos três níveis (econômico, político e ideológico), no plano da análise, não deve ser confundida com o plano da realidade,[3] que não se confundam conceitos e entidades.

Essa concepção parte, pois, das *funções* que deve cumprir cada um dos níveis no processo de reprodução social. Essas funções são determinadas pela estrutura de reprodução das condições de produção, pois para Althusser no artigo citado "a ideologia não tem história", considerada como ideologia em geral. Só as ideologias particulares exprimem posições de classe.

A ideologia em geral, neste artigo de Althusser, é omnihistórica, imutável, ela é "uma representação da relação imaginária entre os indivíduos e suas condições reais de existência" uma relação de ilusão/alusão à realidade.

A ideologia "representa não as relações de produção, mas a relação (imaginária) dos indivíduos com as relações de produção", diz Althusser, com uma existência material corporificada em aparelhos, atitudes, comportamentos e normas.

A tese fundamental de Althusser é de que a ideologia é uma interpelação dos indivíduos enquanto sujeitos e só existe porque tem "a *função* (que a define) de constituir em sujeitos aos indivíduos concretos". Ao chamar alguém por "Oi" estou reconhecendo-o como sujeito.

A ideologia é uma chamada, um apelo, uma interpelação que leva o indivíduo a reconhecer-se como sujeito, e este reconhecimento é o efeito ideológico fundamental, segundo Althusser.

---

3. Ver a respeito Albuquerque, José Augusto Guilhon. *Instituições e Poder*. Rio de Janeiro, Graal, 1970.

Para ele este reconhecimento é distinto do conhecimento desse mecanismo de reconhecimento. Para isso é preciso *romper* com o discurso ideológico, por meio do discurso científico, que só ele é capaz de dar conta de suas falhas. Por isso é necessário, segundo o autor, estar "fora da ideologia" para dar-se conta dela.

Esse é o aspecto mais contestado da teoria althusseriana da ideologia: a oposição entre ideologia e ciência, opacidade e transparência. A ciência produz o conhecimento teórico, libertado do empirismo do sujeito e libertando o movimento operário da ideologia burguesa por intermédio da *ciência* marxista.*

O próprio Althusser, na tese d'Amiens[4] reconhece que a filosofia é a luta de classes no plano teórico, admitindo, portanto, a "historicidade" da ciência marxista.

É necessário esclarecer como assinalam McLennan, Molina e Peters "que quando Althusser contrapõe a ciência à ideologia, apesar das aparências, ele não está dizendo que a ciência é a 'verdadeira', ou 'falsa' a ideologia. Ao contrário, seus respectivos objetos de análise não são comparáveis".[5]

Para Althusser a ideologia é uma *função* já dada formalmente pela combinação dos elementos da estrutura social em vista da reprodução social. É nesse formalismo abstrato que reside a crítica principal a Althusser.

Aquilo que é representado subjetivamente é condição da reprodução. É dado como certo que os sujeitos vão ter representações imaginárias das condições de existência para que a estrutura se reproduza.

As lutas de classes no plano ideológico são, para Althusser, lutas espontâneas, cegas e só com a ajuda da ciência marxista o operariado pode libertar-se da ideologia burguesa.

Já Poulantzas considera que as classes sociais têm ideologias paradigmáticas próprias, específicas, combatendo a visão de classes-sujeito e da ideologia como uma concepção global do mundo imposta por essa classe-sujeito.[6]

---

\* Neste meu trabalho alguns trechos se aproximam dessa concepção althusseriana de separação entre ideologia e ciência. Mas ciência não é a transparência e a ideologia a opacidade. No trabalho científico e na ciência está presente a ideologia. A própria ciência insere-se num "aparelho ideológico".

4. Althusser, L. *Positions* (1964-1975). Paris, Editions Sociales, 1976, p. 129.

5. McLennan, Gregor; Molina, Victor e Peters, Ray. "A Teoria de Althusser sobre Ideologia", in *Da Ideologia*. Rio de Janeiro, Zahar, 1980, p. 132.

6. Poulantzas, N., op. cit., v. II, p. 23.

Para Poulantzas a ideologia dominante pode-se impregnar de *elementos* da ideologia pequeno-burguesa (o jacobinismo ou radicalismo) ou da classe operária (o saint-simonismo).

E o autor combate o conceito gramsciano de hegemonia, dizendo que é impossível à classe operária conquistar a direção da sociedade sem a conquista do poder político. Segundo o autor, para Gramsci, o problema da organização política, depende da constituição de uma concepção do mundo imposta por esta classe à sociedade. Ele separa em Gramsci os conceitos de hegemonia e dominação.

Em realidade Gramsci não separou os dois conceitos afirmando mesmo que o Estado é hegemonia encouraçada de coerção.[7] A hegemonia e a política não são compartimentos, níveis separados, mas se constituem na relação complexa das classes sociais/Estado e na relação das classes sociais entre si. Diz Poulantzas que a concepção de Gramsci impede de ver a contaminação ideológica entre as ideologias de cada classe. Mas Gramsci não coloca as classes em compartimentos estanques nem dá à ideologia a função de ocultação.

As classes fundamentais da sociedade capitalista são a burguesia e o proletariado, constituindo-se numa relação de exploração e dominação. Mas em torno delas constitui-se um "bloco histórico", uma correlação de forças. Para Gramsci, no "bloco histórico" as forças materiais são o conteúdo e as ideologias a forma.[8] Para esse autor, as ideologias orgânicas "formam o terreno em que os homens se movem, adquirem consciência, lutam". As ideologias são uma superestrutura, mas devem ser analisadas historicamente.

O processo de produção, para realizar-se, implica a existência do próprio indivíduo, da troca, do mercado.

A análise dessas práticas individuais, entre sujeitos reais, mostra que as relações entre pessoas que se interpelam, que se chamam, são práticas de reconhecimento/desconhecimento que se imbricam na própria prática de produção, articulando formas de produzir e de reconhecer a própria produção. As relações de produção, de exploração e dominação são complexas e não são manifestas na vida cotidiana, e além disso são mascaradas como formas naturais de intercâmbio pessoal. As ideologias constituem-se nesse confronto como interpelação, apelos, desconectando os nexos fundamen-

---

7. Ver Christine Buci-Gluckman. *Gramsci e o Estado*. Rio de Janeiro, Paz e Terra, 1980.
8. Gramsci, A. *Introdução à Filosofia da Práxis*. Lisboa, Antídoto, 1978, p. 86. Gramsci assinala que a distinção entre forma e conteúdo é, aqui, puramente didática.

tais das relações entre oprimidos e opressores, explorados e exploradores. Apresenta os interesses particulares da classe dominante como interesse geral da humanidade.

Na política do serviço social vê-se claramente essa interpelação do indivíduo como "caso", "grupo", "comunidade", tornando-os sujeitos de processos de solução de problemas numa cadeia de relações individuais. Assim se caracteriza uma prática ideológica, produzindo o efeito de reconhecimento/desconhecimento das relações sociais.

Essa prática situa-se em aparelhos ampliados do Estado em que se articulam práticas complexas.

A prática do serviço social interpela como sujeitos, de forma isolada da classe, os indivíduos e grupos específicos, definindo suas funções e papéis nas relações imediatas entre sujeitos que vivenciam problemas de desajustamento.

À medida que o Serviço Social latino-americano se viu exclusivamente vinculado e orgânico à hegemonia burguesa, seu discurso se fez porta-voz do liberalismo, com temas que defendem o progresso, a paz, a proteção, a cooperação. A estratégia ideológica da burguesia vinculava-se a uma estratégia política de cooptação.

As lutas sociais e as crises internacionais levaram os oprimidos a levantar sua voz, a manifestar sua força e modificou-se a relação do Estado latino-americano e as classes sociais. O desenvolvimentismo serviu de interpelação dos indivíduos como sujeitos de um processo grandioso, de uma nova racionalidade. O Serviço Social situa-se nessa estratégia como mediador do processo de crescimento geral, em projetos de "interesse comum", de integração "Estado-povo".

Mas os mecanismos de sujeição e manipulação não foram suficientes para dobrar ou aniquilar as forças populares das classes dominadas. As lutas prosseguiram em todos os aparelhos. A luta ideológica é transversal a todos os aparelhos. Ela não se situa em aparelhos específicos. Na empresa como na escola há luta ideológica, no terreno da disputa por uma nova relação do indivíduo com suas condições reais de existência e pela formação de um novo bloco histórico.

As classes dominadas também interpelam os indivíduos como revolucionários[9] na formação de uma nova hegemonia. O Serviço Social, num

---

9. Ver, nesse sentido, Laclau, Ernesto. *Política y Ideología en la Teoría Marxista*. Madrid, Siglo XXI, 1978, p. 114.

momento histórico determinado, também se vinculou a esse processo. Assim a ideologia só pode ser entendida na luta de classes, na luta política.

Assim o Serviço Social é permeado pela luta ideológica. A fim de dar conta dessas ideologias realizamos uma análise de diferentes discursos.

Esse tipo de análise, feito em 1972, situa-se neste contexto teórico da ideologia e a partir da distinção entre a denotação e a conotação, visa identificar os elementos constitutivos dessas ideologias.

Essa luta ideológica foi-se "politizando" cada vez mais pela confrontação que se foi processando nos próprios aparelhos do Estado. Não fazemos aqui uma análise dos aparelhos e dessa luta, mas damos uma visão "estática" a título de exposição didática.

## A ideologia liberal no Serviço Social

Nosso objeto de análise será o texto do I Congresso Pan-americano de Serviço Social, realizado em Santiago do Chile, em 1945.[10] Tomaremos as conclusões do seminário, analisando-as ao nível da denotação e ao nível da conotação.

Primeiro apresentamos os temas selecionados para discussão e a forma como são apresentados. Os temas selecionados são nove:

*1. Em relação à Cooperação Mundial no campo do Bem-Estar.*

*2. Em relação ao intercâmbio de experiências.*

*3. Em relação ao fomento de associações.*

*4. Em relação à proteção da infância e da adolescência.*

*5. Em relação ao Serviço Social em Instituições Médicas.*

*6. Em relação ao Serviço Social Industrial.*

*7. Em relação às Instituições de Assistência Jurídica.*

*8. Em relação ao meio rural.*

*9. Em relação ao ensino do Serviço Social.*

O texto analisado apresenta-se como conclusões aprovadas no Congresso, a partir de uma série de considerações e recomendações.

---

10. Ander Egg, Kruse. *Congresos Panamericanos de Servicio Social.* Montevidóo, Guillaumet, 1970, p. 45 e seguintes.

A seleção dos temas já é um indicador do caráter ideológico da mensagem do Congresso. Eles mostram uma série de campos do Serviço Social, totalmente isolados e fragmentados: associações, infância, indústria, meio rural, assistência jurídica, instituições médicas.

Os signos empregados são: cooperação, intercâmbio, fomento, proteção, assistência, falando-se do Serviço Social em distintos meios: rural, industrial, jurídico, médico, infância.

Essa seleção supõe também um ator impessoal, estático, em qualquer parte do mundo, em qualquer meio rural, em qualquer meio industrial, para qualquer infância ou qualquer ensino do Serviço Social.

Os eixos de semantização são:

*cooperação — conflito*
*intercâmbio — luta*
*proteção — abandono, desamparo*
*assistência — miséria, desamparo*
*meio rural — camponês — latifundiário*
*meio industrial — operário — patrão*

Os níveis da denotação em que aparecem a *cooperação* e o *intercâmbio* supõem a visão da sociedade sem conflitos e sem luta. Os indicadores de *proteção e assistência* mostram um significado da miséria e do desamparo como fenômenos isolados, próprios da natureza e não da história.

Esse discurso concentra-se na expressão clássica dos objetos do Serviço Social: "promoção do bem-estar humano".

Três são os signos selecionados: promoção — bem-estar — humano.

A combinação desses significantes configura um contexto semântico especial em que os três elementos têm uma conotação especial.

A promoção opõe-se à idéia de acomodação. Bem-estar humano refere-se ao interesse do homem em geral ou do indivíduo-sujeito particular.

Na temática já se pode distinguir os indícios significantes.

Em relação ao primeiro tema toma-se como CONSIDERANDO "que a promoção do bem-estar humano é uma das obrigações mais importantes do mundo do pós-guerra".

Nesse CONSIDERANDO diz-se que a promoção é uma das obrigações mais importantes do após-guerra. A ordem das considerações no texto parte de uma idéia de bem-estar para então olhar o mundo, e não da realidade do mundo do após-guerra para colocar a questão do bem-estar.

Temos portanto:

Idéia de bem-estar ⟶ Mundo do após-guerra
e não
Mundo do após-guerra ⟶ Bem-estar

A ordem em que estão situados esses elementos já implica determinada visão do mundo que, decodificada, ao nível latente, revela a-historicismo, universalismo, humanismo. Trata-se de um bem-estar universal, sem vinculação concreta com a realidade.

Nessa visão ideal do bem-estar detecta-se seu caráter a-histórico. Por detrás do próprio signo de "bem-estar" se esconde uma concepção estática e mítica de bem-estar.

O signo "bem-estar" opõe-se a mal-estar e conota um estado de satisfação completa, de ausência de necessidades. Esse signo não se refere a nenhuma necessidade concreta dos homens nas suas relações sociais. Faz-se apelo a um sujeito ideal, constitui-se um sujeito, mas sem carne, sem osso, sem relações, sem tempo nem espaço. A idéia de promoção a um "código moral" considera a promoção do bem-estar como uma obrigação universal e mesmo "a mais importante do mundo do após-guerra". A expressão genérica e vaga de "mundo do após-guerra" esconde totalmente essa realidade concreta que implica vencedores e dominados, centros e periferia. "Mundo do após-guerra" evoca a paz, a harmonia, a boa colaboração de todos. O bem-estar é um fim em si mesmo, dotado de bondade intrínseca.

O último aspecto que vamos analisar nessa proposição do Congresso é seu humanismo, expresso no adjetivo "humano". Humanismo também abstrato e a-histórico e que tem servido como fundamento à ideologia do Serviço Social.

É um humanismo ideal que parte de uma igualdade natural entre os homens, anterior à própria sociedade. E uma ordem natural que se manifesta numa liberdade espontânea, num homem perfeito. É um estado que se manifesta numa ordem positiva na qual se "racionaliza" a ordem natural da propriedade natural.[11] Como reza o Congresso: "Que a legislação

---

11. De Brito, Maria Anita Quintela. "Antecedentes Sociológicos do Serviço Social na Inglaterra e Estados Unidos". Rio de Janeiro, Debates Sociais, n° 6, maio 1968, p. 61.

de todos os países da América recolha os preceitos e as doutrinas sobre o camponês".

Outro ponto importante a considerar é que se parte do *homem* e não de um período social e economicamente dado, quer dizer, o ponto de partida dos CONSIDERANDO do Congresso é um homem isolado. Ao final desse mesmo Congresso fala-se da dignificação, da melhoria, da segurança, da convivência humana. Manifesta-se aí uma convivência universal, harmônica, ideal, não havendo nenhuma concreção destes conceitos. O humanismo abstrato do Serviço Social constitui-se num sujeito empírico capaz de progresso constante pelo seu próprio esforço.

Em relação ao segundo tema selecionado — o *intercâmbio* —, o Congresso propõe a extensão dos programas de bem-estar dos países desenvolvidos, por meio de um *intercâmbio* entre todos os países.

Os signos aparentes são: extensão, programas de bem-estar dos países desenvolvidos, intercâmbio, todos os países. A nível implícito há um juízo de valor: que os programas dos países desenvolvidos são melhores do que os programas dos países subdesenvolvidos, e que por isto merecem ser estendidos como modelo de uma sociedade ideal. O signo "todos" esconde a parcialidade.

A ideologia, sendo uma visão "imaginária" do mundo, tenta impor-se transformando-se em visão universal, de todos, com um caráter de neutralidade.

A dominação dos Estados Unidos nesse Congresso foi denunciada por Kruse e Ander Egg, no livro citado, mas sem uma análise profunda de seu aspecto ideológico.

O signo "intercâmbio" é o equivalente, ao nível latente, de igualdade entre Estados Unidos e América Latina. Apresentam-se, estaticamente, os desenvolvidos como os melhores e os subdesenvolvidos como os piores, e a possibilidade de se alcançar o bem-estar ideal dos países desenvolvidos, numa cooperação harmônica. As relações de dominação são camufladas pela troca de cooperantes, de experiências, de produtos, de comunicações.

Em último lugar queremos analisar o texto do Congresso referente ao Serviço Social Industrial, no qual se propõe que se "conte com a colaboração dos setores patronais e operários". Os elementos são claros nessa proposição: a colaboração entre patrão e operário.

A relação de exploração é aí vista sob o conceito limite de equilíbrio, harmonia e colaboração entre dois sujeitos isolados.

Essa sociedade perfeita como modelo ideológico exige a diminuição dos conflitos, para que cada um desempenhe seu papel e para que tudo permaneça em seu "equilíbrio" atual (dominação).

Esses elementos definem a ideologia liberal no Serviço Social, na sua "teoria" e na sua prática: promoção, bem-estar, humanismo, colaboração de classes.

Analisando outros modelos ideológicos será possível, por comparação, compreender melhor estes aspectos da ideologia liberal, e ao mesmo tempo denunciá-los.

## A ideologia desenvolvimentista

Como foi assinalado anteriormente, a ideologia desenvolvimentista é uma manifestação, uma "outra face" da ideologia dominante, que se apresenta com as idéias de modernização, de democratização, de melhoria, de desenvolvimento, de técnica e de planificação.

Para a análise da ideologia desenvolvimentista tomaremos o ternário e as conclusões do V Congresso Pan-americano de Serviço Social, realizado em Lima, Peru, em novembro de 1965,[12] vinte anos após o I Congresso, em Santiago do Chile.

O tema geral desse V Congresso foi "O Bem-estar Social e o processo de desenvolvimento dos países da América". Os temas centrais foram: "o desenvolvimento", "o fator humano no processo de desenvolvimento", "o Serviço Social e o desenvolvimento" e outros temas específicos relacionados com o desenvolvimento, como "a educação", "o voluntariado", "o seguro social" e "a planificação".

A seleção e a combinação dos temas, a nível aparente, já considera o desenvolvimento como um processo, em certa relação concreta com o tempo e com o espaço. O tempo manifesta-se na expressão "processo", sendo o espaço situado na América, com uma visão de "países em desenvolvimento".

Em relação ao primeiro tema — o desenvolvimento — assinala-se que o desenvolvimento é um processo de crescimento, rompendo-se assim com a visão de uma sociedade estática. Esse conceito, porém, é abstrato, falando-se genericamente de "transformações" e de "participação". Segundo essa concepção, o desenvolvimento supõe uma série de etapas que se

---

12. Ander Egg, Kruse, op. cit., p. 96.

escalonam entre o subdesenvolvimento e o desenvolvimento. O modelo ideal encontra-se no desenvolvimento.

O processo de desenvolvimento implica a incorporação do indivíduo aos planos governamentais existentes e o desenvolvimento deve ser, segundo as conclusões do Congresso:

— gradual

— organizado

— com a participação consciente, voluntária e responsável do indivíduo.

Os atores-sujeitos do desenvolvimento são personalizados no indivíduo e no Estado. Esses atores são fonte e destino do desenvolvimento, imputando-se ao Estado a força principal de desenvolvimento, de dinamismo, de mudança, e ao indivíduo a participação a contribuição de suas energias.

Ao imputar-se ao Estado a força dinamizadora, exclui-se a luta de classes, aceitando-se o Estado existente como neutral. O ator-indivíduo é isolado de seu contexto de produção e de sua classe social, quer dizer, isolado da sociedade como totalidade e como estrutura.

O desenvolvimento é proposto nos seguintes eixos de oposição:

*gradual por oposição a — rápido e radical*

*organizado por oposição a — espontâneo*

*planificado por oposição a — irracional*

*equilibrado por oposição a — conflitivo*

*positivo por oposição a — negativo*

A idéia de "gradual" supõe etapas ou fases cuja meta é chegar ao desenvolvimento dos países centrais. O modelo do qual se parte para a "graduação" são os países considerados desenvolvidos. A segunda característica do desenvolvimento proposto é que ele seja "organizado", pelo Estado existente, isto é, sem o menor risco para as classes dominantes. A planificação, de cima para baixo, corrigirá as disfunções e manterá o "equilíbrio" existente. Isso levará a um processo gradual, etapista, evolutivo, sem bruscas mudanças na sociedade.

Faz-se apelo ao positivo, isto é, contra as atitudes consideradas negativas, prejudiciais ao desenvolvimento gradual, vendo-se o conflitivo identificado ao irracional e ao negativo. Desenvolvimento e *consenso* devem combinar-se.

A nível aparente pode-se verificar a aceitação da idéia de mudança, de planificação, de racionalidade. Essa racionalidade é uma modernização e uma busca de eficiência, para que o sistema funcione melhor em seu conjunto.

Nesse contexto, segundo as conclusões do V Congresso, as funções do Serviço Social são:

- *reduzir as condições de conflito*
- *exercer influências para induzir a institucionalização da mudança*
- *promover atitudes positivas para o desenvolvimento.*

Essas funções mostram a aceitação aparente da mudança e do conflito, mas para que sejam institucionalizados, reduzidos e transformados em atitudes "positivas" para o desenvolvimento. Objetiva-se o consenso e o controle das classes dominadas contestatórias.

Todas estas funções aparentam com uma atitude de mudança, de reforma, de participação democrática. A "promoção social" ou a "promoção popular" consiste, então, na aceitação do quadro de desenvolvimento do Estado. A população-sujeito deve ser estimulada a uma atitude favorável a este processo.

Segundo a concepção desenvolvimentista, o desenvolvimento depende da conjugação de fatores sociais, econômicos, políticos e culturais de cada região ou país, como se estes fossem subconjuntos isolados da totalidade mundial.

No texto em estudo destacam-se os seguintes "fatores" do desenvolvimento:

- *Os fatores internos por oposição a relações internacionais de dominação.*
- *Problemas administrativos por oposição à conventração do poder e recursos.*
- *Estado das instituições por oposição à mudança institucional.*

Uma das funções da ideologia dominante é a de transmutar as relações entre sujeitos, em relações fundamentais, mascarando estas mesmas relações de exploração e de dominação e as contradições fundamentais.

O Estado aparece como legítimo guia do desenvolvimento, dentro da ordem legal estabelecida. O seu caráter de classe e de Estado dependente ficam suplantados pelo apelo à racionalidade, ao crescimento, ao interesse geral, à reforma, num processo político de cooptação dos movimentos sociais que se foram desenvolvendo na década dos anos sessenta.

O marco referencial para a mudança vem a ser a ideologia dominante de legitimação de uma reforma. Para Poulantzas a ideologia dominante burguesa tem sua região principal no jurídico-político.[13] Essa é uma forma de se constituir a ideologia, que na sua manifestação desenvolvimentista fez apelo a novas leis, planos, programas e direitos sociais. A ação do serviço social teria como referência o plano de desenvolvimento do governo estabelecido. Os "problemas" seriam "organizados", unificados pelo Estado, nesse plano de desenvolvimento.

A racionalidade do plano coloca em evidência uma visão tecnicista, neutral, racional, implicando mesmo o "fim das ideologias". O técnico colaboraria com a modernização, como personagem independente.

Em um estudo sobre Serviços Sociais no Brasil,[14] publicado em 1968, coloca-se como solução à problemática do serviço social a modernização e o desenvolvimento. Estes fatores traduzir-se-iam em planificação, metodologia da planificação, pesquisas, treinamento de pessoal, pela transformação da política de assistência em política de promoção social e pela aplicação dos serviços na atenção de novas necessidades emergentes.

Por aí pode-se ver que os projetos de reforma do sistema têm como marco referencial o próprio sistema, dando-lhe mais eficiência, técnica, modernidade.

A eficiência é uma forma tecnocrática de manifestar a combinação de fatores considerados independentes (custos-objetivos-meios), sem ter em conta as relações sociais.

Sob esta ideologia desenvolvimentista se encontra determinada visão do mundo, uma representação que se articulou nos órgãos de poder, e que considera o sistema modificável por partes, mas bom em si mesmo. Trata-se de maximizar as possibilidades existentes, para, gradualmente, melhorar a eficiência, mantendo-se as relações sociais existentes.

Nesse período de abertura dos países latino-americanos ao capital estrangeiro era necessário organizar as massas para a mudança e para garantir um desenvolvimento industrial pacífico.

---

13. Poulantzas, N., op. cit., v. II, p. 33.
14. Pinheiro, A., Dantas, J., Silva, F., Reis, F. *Os Serviços Sociais no Estado*. Brasília, Secretaria de Serviços Sociais, 1968, ed. mimeografada, p. 98.

## A ideologia revolucionária

A perspectiva revolucionária não se gestou na cabeça de um sujeito histórico determinado, mas na luta de classes, implicando uma concepção de mundo vinculada aos interesses das classes dominadas ou subalternas.

Na sistematização desta perspectiva teve um papel central a contribuição do materialismo histórico como quadro referencial teórico, e como forma de manter a luta de classes no plano teórico.

Para analisar essa perspectiva tomamos como material empírico o "Projeto da Escola de Trabalho Social", da Universidade Católica de Valparaíso, sobretudo o capítulo referente ao objeto do Trabalho Social.[15]

A ideologia revolucionária não é a ideologia dominante, ainda que possa influenciá-la. Trata-se de uma ideologia dominada, reprimida, mas em luta, vinculada à luta pelo poder desenvolvida pelas classes dominadas em todos os terrenos: sindical, partidário, urbano, institucional etc.

É na luta que as classes dominadas vão modificando sua ideologia, pois não podemos preestabelecer que todos os dominados são revolucionários, como tampouco preestabelecer uma classe-sujeito portadora da verdade universal.

No Chile de 1970, a vitória da Unidade Popular, aliança de forças populares que ganha as eleições presidenciais, acompanha-se de um movimento de massas que questiona o reformismo e o idealismo das concepções de bem-estar, exigindo do serviço social uma explicitação de suas vinculações de classe.

O projeto da Escola de Trabalho Social de Valparaíso tenta colocar como alternativa do Serviço Social uma aliança com as classes e camadas subalternas.

No texto deste projeto o objeto do Trabalho Social é definido como a ação social do homem oprimido e dominado que não possui os meios de produção e não participa realmente da gestão política da sociedade. O homem oprimido define-se por suas relações sociais de exploração (produção) e de dominação (político-ideológicas).

A análise do texto nos revela, no plano manifesto, alguns signos como: ação social, dominado, gestão política, papel protagônico, transformação histórica. Estes elementos são combinados de tal forma que permitem vi-

---

15. Jofrem, Leiva, C., Faleiros, U., Pizarro, E. Queiroz, T. *Que es Trabajo Social*. Valparaíso, Ed. Universitaria, 1972.

sualizar uma transformação do sistema pela tomada do poder pelas classes populares e pela modificação das relações de produção.

Faz-se apelo ao homem dominado como classe e como um sujeito protagonista da transformação, capaz de rejeitar a dominação, a submissão, a manipulação, no confronto com as classes dominantes e em razão de sua situação estrutural nas relações de produção. A realidade é vista como luta de classes, num processo histórico, de temporalização.

O trabalho social se situa concretamente. Assim temos os seguintes eixos de semantização:

*Ação Social* — *por oposição à* — *contemplação*

*Homem dominado* — *por oposição à* — *dominante*

*Despossuído dos meios de produção* — *por oposição a* — *possuidor dos meios de produção*

*Excluído da gestão política* — *por oposição a* — *detentor da gestão política.*

Esta forma de colocar a questão da dominação e da exploração parece isolar a problemática do "homem dominado" do modo de produção capitalista. Mas ao situá-lo como não possuidor dos meios de produção, já fica claro a influência do materialismo histórico, situando esse homem como proletário e como dominado.

O trabalho social é situado, diferentemente das formas anteriores, nas contradições concretas do modo de produção capitalista. E no interior do Projeto fala-se de partir destas mesmas contradições para a ação social.

Nesta perspectiva denuncia-se a ordem existente, mostrando-se o caráter de fetiche da ideologia dominante, que a partir das relações interpessoais, das trocas, mascara as contradições concretas da extração da mais-valia.

Esta ideologia não visa somente denunciar, mas propor uma mudança deste sistema por outro, a partir de suas contradições. Nesse sentido é uma ideologia radical, mas que se situa no contexto da luta de classes e se manifesta na relação com a ideologia dominante.

Essa proposição alternativa não se coloca como uma mensagem ideal, mas se constitui a partir do compromisso concreto com uma práxis de transformação do sistema, por meio da vinculação a organizações populares.

A análise científica do materialismo histórico não se apresenta isenta de ideologia. Antes pelo contrário, o apelo a uma classe, à transformação, à luta, implica esta vinculação dialética. A ideologia desenvolvimentista apela ao consenso, à modificação das partes, enquanto a ideologia liberal apela ao destino de uma humanidade ideal.

A seguir traduzimos em alguns temas a síntese desses três discursos do Serviço ou do Trabalho Social.

## Conclusão

Há entre assistentes sociais uma discussão sobre a existência ou não de uma ideologia do Serviço Social. Nosso trabalho mostrou que se trata de uma questão ingênua já que o Serviço Social se insere nos aparelhos de hegemonia.

A questão é de explicitar teoricamente essa luta que se dá nestes mesmos aparelhos e no âmbito profissional

Para concluir este capítulo vamos esboçar um quadro geral das três referências ideológicas antes expostas utilizando os signos + para indicar presença do tema, – para indicar ausência e 0 para uma presença difusa.

| Temas | Ideologia liberal | Ideologia desenvolvimentista | Ideologia revolucionária |
|---|---|---|---|
| Temporalização | – | 0 | + |
| Totalização | – | – | + |
| Contradição | – | – | + |
| Circunstancialização | – | + | + |
| Negação | – | – | + |
| Isolamento | + | + | – |
| Neutralidade | + | + | – |
| Idealização | + | 0 | – |
| Gradualização | 0 | + | – |
| Práxis (práticas de classe) | – | – | + |

Tentamos, assim, definir as categorias semânticas ou lógicas mais importantes. Eliseo Verón diz que a "ideologia é um sistema de regras semânticas para formar mensagens".[16]

---

16. Verón, Eliseo. *Lenguaje y Comunicación Social*. Buenos Aires, Nueva Visión, 1969, p. 141.

Esta é uma definição de ideologia do ponto de vista lingüístico, sem que se tenha em conta todo o marco teórico que desenvolvemos na primeira parte deste capítulo. Mas para um estudo de discursos podemos ter como referência esta colocação apenas metodológica.

A seguir damos uma sucinta definição dos temas levantados.

- A "temporalização" refere-se à situação do serviço social na história concreta, na luta de classes, no desenvolvimento do capitalismo.
- A "totalização" é a relação do serviço social com as contradições estruturais do capitalismo.
- A "contradição" refere-se à luta entre contrários e à sua unidade nos processos de determinações concretas, num só movimento de conservação e superação.
- A "circunstancialização" refere-se à apresentação de características específicas de um fenômeno e sua situação no tempo e no espaço.
- "Negação" significa denúncia do sistema e proposta de sociedades alternativas.
- "Isolamento" significa colocação dos fenômenos de forma focalista, e do homem de forma isolada.
- "Neutralidade" é uma forma de apresentar os fenômenos sociais como questões de "ciência", técnica, sem vinculação com juízos de valor, com as lutas sociais.
- A "idealização" consiste numa concepção do mundo como sociedade perfeita a ser progressivamente atingida pela correção dos desequilíbrios.
- A "gradualização" é uma forma de apresentar a temporalização e a mudança por etapas sucessivas, evolutivas, dentro do mesmo sistema.
- "A "práxis" compreende a luta de classes a partir das classes fundamentais da sociedade, num processo de transformação da sociedade e do próprio homem, no modo de produção capitalista.

## Capítulo 3

# Sujeito e objeto do Serviço Social

Este capítulo tem por objetivo complementar o anterior no que tange às ideologias. Consiste também numa tentativa de sistematizar o tratamento que o problema do sujeito e do objeto vem tendo no âmbito do Serviço Social.

Esta exposição aborda principalmente três aspectos:

a) *busca de uma perspectiva teórica para tratar o problema do sujeito e do objeto;*

b) *análise de distintos quadros referenciais a respeito desse problema no âmbito do Serviço Social;*

c) *tentativa de colocar a relação sujeito-objeto na ação social.*

No capítulo anterior analisamos a relação entre ideologia e prática. Se situarmos o serviço social como uma prática que se implantou e se desenvolveu no contexto do sistema capitalista, é necessário relacioná-la permanentemente com a ideologia da classe dominante. A ideologia dominante faz-se dominante justamente na relação entre as classes sociais. Torna-se dominante na relação de poder que exerce a classe dirigente sobre a classe subalterna. Daí que as distintas formas (liberal, psicologista, sociologista) segundo as quais o serviço social se apresenta revelam uma visão, uma representação do mundo de acordo com as lutas entre as classes sociais. Por isso mesmo vem marcado por uma presença ideológica. Essa presença ideológica consiste justamente, como já foi analisado anteriormente, na abstração das relações interindividuais do contexto social.

A abstração do indivíduo da sociedade, e da sociedade em relação ao indivíduo, tem marcado a colocação do problema do sujeito e do objeto

Serviço Social. O objeto tem sido situado numa visão que isola as relações interindividuais e o próprio sujeito do contexto de suas relações fundamentais.

Segundo a perspectiva deste capítulo essa problemática só pode ser abordada numa perspectiva histórica e estrutural para realmente se poder definir a relação do sujeito e do objeto, enfrentando ao mesmo tempo as conotações ideológicas.

Além de colocar essa problemática isolada, o Serviço Social tem também colocado seu objeto como campo de ação a exemplo do que é definido por Arthur Fink.[1] Já outros colocam a problemática do objeto de acordo com a divisão tradicional em caso, grupo e comunidade. Outros falam de objetos como a situação-problema isolada.

Todas essas formas constituem, como objeto do Serviço Social, relações e inter-relações ou situações isoladas do contexto global.

A seguir vamos estudar e analisar as posições segundo a ênfase que se faz no sujeito ou na situação. Entende-se como sujeito o ator social capaz de nas relações que estabelece modificar a situação. Por situação* entende-se a circunstância sobre a qual atua esse mesmo sujeito. A separação do ator da sua circunstância ou da circunstância em relação ao autor e a não situação de ambos numa estrutura global vai caracterizar a análise que a seguir fazemos.

## A predominância da situação

Para situar teoricamente a tendência que esquece ou anula o sujeito, é necessário relacioná-la com o que Marx chama "o ponto de vista do materialismo vulgar".

Na terceira tese sobre Feuerbach, Marx afirma que "a teoria materialista segundo a qual os homens são produtos da circunstância e da educação, e portanto homens modificados, produtos de circunstâncias distintas e de uma educação distinta, esquece que as circunstâncias se fazem mudar precisamente pelos homens e que o próprio educador necessita ser educado. Isso conduz portanto, forçosamente, à divisão da sociedade em duas partes, uma das quais está por cima da sociedade (assim por exemplo em Roberto Owen). A coincidência da modificação das circunstâncias e da ati-

---

1. Fink, Arthur. *The Field of Social Work*. Nova York, Henry Holt and Company, 1957.

* Trata-se, pois, de um objeto imediato, não de um objeto mediatizado, construído.

vidade humana só se pode conceber e entender racionalmente como prática revolucionária".

A hipótese que orienta nossa investigação nesse momento pode ser assim formulada: a tendência dentro do Serviço Social que considera o homem como produto da circunstância e da educação, esquecendo a produção dessas circunstâncias, parcializa a própria realidade do homem. Em outras palavras, o homem se torna o objeto das circunstâncias e da educação, um objeto para outros homens, um objeto para si mesmo. Desconhece-se seu caráter de sujeito transformador, tornando-o isolado de suas circunstâncias. É o predomínio do objeto e por isso mesmo o sujeito também se torna objeto.

O circunstancialismo marcou e marca profundamente o Serviço Social.

Em circunstâncias de fome dá-se comida, em caso de enfermidade remédios, em caso de angústia um conselho, em caso de ignorância o saber. Supõe-se que as circunstâncias imediatas determinam ao homem e se esquece que são os homens que criam as circunstâncias de fome, de enfermidade, de ignorância, nas suas relações sociais.

Na prática profissional, essa perspectiva traduz-se no tratamento dos problemas de casa, recreação, saúde, isolando a produção desses problemas da história e da estrutura. Esses aspectos são separados uns dos outros e supõe-se que ao encará-los parcialmente, está-se modificando a vida social do homem. Atua-se na circunstância, separada das relações que a produzem.

Dessa forma o homem é considerado como um produto destes aspectos isolados da situação, tornando-se o objeto de circunstâncias *particulares*.

A seguir analisam-se três perspectivas específicas em que predomina essa visão empirista e abstrata do Serviço Social: a perspectiva assistencialista, a perspectiva sociologista e a perspectiva tecnocrática.

## Perspectiva assistencialista

As primeiras manifestações do Serviço Social como assistência organizada se situam numa perspectiva paternalista e assistencialista. A assistência consiste na prestação de um auxílio financeiro ou material para atender a uma problemática *imediata*, tal como alimentação, saúde, ou recreação, apresentada por um cliente.

A prestação do auxílio faz-se no contexto institucional e numa relação profissional.*

Parte-se de uma circunstância determinada, em geral de um problema que o cliente (institucionalizado) apresenta a um Assistente Social. O problema é considerado de acordo com a situação, buscando-se as variáveis que os condicionam. Assim, a prestação de serviços a casos individuais implica uma atividade profissional de detectar uma solução para cada um dos problemas que se apresentem. A atuação profissional instrumentaliza o cliente para pedir e/ou aceitar os recursos disponíveis.

Para as classes dominantes que controlam ou pretendem controlar a prestação de serviços, essa assistência é um expediente de isolamento e de resposta simbólica a uma problemática considerada específica.

Para justificar essa prática e desenvolvê-la elaboram-se "teorias", que a seguir apresentamos:

Em 1922, Edward Devine define o Serviço Social como "Serviço de Restauração e Salvação Humana", em 1923 Henry Spalding considera-o como "a Assistência prestada por trabalhadores voluntários em vista do bem-estar e da felicidade do indivíduos, da família e da coletividade".[2]

Na definição de Henry Spalding[3] destaca-se que a assistência prestada tem por objetivo o bem-estar e a felicidade.

O homem, portanto, não a constrói historicamente, nas suas relações sociais, mas a felicidade estaria fora da sociedade como um fim em si mesmo.

A assistência por sua vez está dividida nos seguintes aspectos:

a) *paliativa, como auxílio;*

b) *curativa, para reabilitação;*

c) *preventiva, para diminuição de flagelos, problemas e enfermidades do sistema;*

d) *promocional, para integração do homem à sociedade.*

---

* Não falamos, aqui, da assistência puramente paternalista, que consiste na busca de lealdade das classes dominadas em troca de favores discrecionários oferecidos diretamente pelas classes dominantes, mas de um paternalismo disfarçado por *um contexto institucional* e *uma relação profissional.*

2. Junqueira, Sonia Botello. *Conceitos e Definições de Serviço Social.* Rio de Janeiro, Debates Sociais. Suplemento n° 2, junho 1969, p. 67.

3. Ibid., p. 67.

Esse enfoque assistencialista parte de uma carência individual como objeto da ação do Serviço Social. A carência é vista como uma falta, uma lacuna do *indivíduo* ou de determinada circunstância na vida individual, que o impede de alcançar o bem-estar. O auxílio é visto como uma compensação de uma carência individual ou circunstancial.

## Perspectiva sociologista

Uma segunda perspectiva de análise pode ser definida como sociologista. No período inicial de formação do Serviço Social destacou-se o papel da "Sociedade de Organização da Caridade". Essa sociedade representou uma abertura à consideração da ajuda de forma institucionalizada, com um caráter social e não puramente individual. Entretanto, ao levar em conta o aspecto social da ajuda não considerou as relações globais da estrutura social, mas as relações interpessoais de uma parte da sociedade em relação a outra.

Maria Anita Quintela de Brito[4] destaca as influências teóricas do dogmatismo individualista de Herbert Spencer sobre o Serviço Social desse período. Na prática, o sociólogo Charles Booth faz pesquisas sobre as condições de vida dos indivíduos para buscar *no meio ambiente* as causas dos problemas individuais. Mary Richmond parece seguir a mesma orientação.

Segundo essa perspectiva nota-se uma preocupação pelo indivíduo e pela prestação de serviços ao mesmo tempo que por uma reforma social.

Bartlett[5] assinala que o Serviço Social se interessa pela pessoa e pelo meio social, o que significa uma perspectiva bio-psico-social. É necessário destacar o conceito de "meio social", conotando algo estático e fixo por oposição à vida social, luta social, luta de classe. Apesar de considerar o homem e o *meio* nota-se uma separação estrutural entre um e outro.

Os objetivos profissionais que se destacam nessa orientação são: o funcionamento social, a integração do indivíduo no meio, a mudança do meio limitado ao âmbito do indivíduo. Bartlett fala de uma dupla tarefa para o aspecto social: analisar a personalidade e a situação.

---

4. De Brito, Maria Anita Quintela. "Antecedentes Sociológicos do Serviço Social na Inglaterra e Estados Unidos". Rio, *Debates Sociais*, n° 6, maio 1968, p. 61.

5. Bartlett, Harriett. *A prática do Serviço Social*. São Paulo, PUC, Escola de Serviço Social, 1969, ed. mimeografada, p. 8.

Assim se separam dois pólos, dois fatores nesse esquema: por um lado o indivíduo e sua personalidade, e por outro a situação social, isto é, a circunstância.

Afirma ainda Bartlett que "os assistentes sociais analisam a personalidade e a situação, para melhor entender seu elemento significativo. Em seguida *reúnem as partes*\* e vêem as pessoas e as situações como um todo em seu trabalho com elas".[6]

Nesse texto denota-se uma "união" entre situação e pessoa, mas na realidade são vistas como partes separadas, nas quais o assistente social destaca "elementos significativos". Significativos na perspectiva do próprio saber do assistente social. Saber determinado pela sua posição no contexto institucional. O assistente social aparece como aquele que realiza a reunião desses dois elementos que estariam separados. A situação seria o lugar em que o indivíduo se realizaria, ajudado por um "intermediário", que estaria atuando de fora da situação.

Em organização de comunidade apresenta-se um método de harmonização de tensões em determinada área geográfica, buscando-se integrar situação e atores, num consenso mútuo.

Na prática, a organização de comunidade atua em situações isoladas com o objetivo de melhorar certas "condições comuns a determinado grupo ou determinada área com habitação, saúde e equipamento comunitário". Sua atuação objetiva realizar esses melhoramentos pela *mobilização* e *motivação* de um setor da população segundo seus interesses separados da estrutura e do contexto geral.

O cooperativismo também se situa nessa perspectiva à medida que se transforma numa empresa burocratizada para melhor funcionamento dentro do sistema.

Diz Meister que no início as cooperativas são dinâmicas na defesa dos interesses dos sócios, transformando-se depois em um economicismo e em um burocratismo.[7] As organizações locais da comunidade são taticamente divididas em distintos aspectos como comitês, centros de mães, grupos sociais. E estas organizações são desvinculadas entre si. Ou apenas ligadas por um conselho comunitário extremamente consensual. As ações desses grupos estão desvinculadas das lutas dos trabalhadores contra o sis-

---

\* Grifo nosso.
6. Ibid., p. 8.
7. Meister, Albert. *Los Sistemas Cooperativos. Democracia o Tecnocracia?*

tema. Essas organizações dividem-se segundo interesses estratégicos e táticos da classe dominante.

Para Herman Stein, o serviço social deve considerar a sociedade como um conjunto de instituições que se estruturam em função *de males ou carências* sociais ou *dos desvios provocados* pela patologia social, buscando situá-los na estrutura de papéis e de acordo com os níveis de poder da sociedade.[8] Assim o objeto do Serviço Social se torna a intermediação entre as instituições e carências e desvios socialmente identificados por essas mesmas instituições.

O Serviço Social é considerado como compensação de carências e terapia de desvios sociais. A mudança é concebida como uma integração ao sistema, como se o próprio sistema também não fosse fruto das relações sociais.

Além disso consideram-se as instituições como boas ou necessárias em si mesmas em função das carências e desvios.

## Perspectiva tecnocrática

A consideração de que a técnica seja um instrumento neutro a serviço de qualquer referencial teórico e de qualquer sistema se baseia numa "ideologia da técnica". Essa ideologia consiste em isolar a técnica do seu contexto de produção, de sua história. No entanto, as técnicas são construções historicamente determinadas, resultado das relações de produção e do processo de acumulação do capital. Portanto colocar a técnica como neutra, isolada, consiste em fazer do homem um objeto dessa mesma técnica, um resultado dela.

Essa objetivização é fruto de uma visão otimista do progresso e da técnica. Décio da Silva Barros diz que "o Serviço Social é a arte de orientar as forças dinâmicas da sociedade e coordenar os elementos sinergéticos das formas de cooperação, com vistas aos interesses e conveniências comunitárias nos processos de desenvolvimento social, grupal e individual, assim como na solução de problemáticas solidárias e pessoais.[9] E chama essa perspectiva de "human engineering".

---

8. Stein, Herman. "Contribuição das Ciências Sociais na Formação para o Serviço Social". Rio de Janeiro, *Debates Sociais*, n° 2, maio 1966, p. 25-28.

9. Barros, Décio Silva. *Engenharia Social. Politécnica Social*. São Paulo, II Seminário Nacional de Assistentes Sociais, julho 1967, 10 p.

Essa orientação e "essa coordenação" manifestam-se na prática por intermédio da "planificação" e da "administração do Serviço Social". O planificador e o administrador teriam a função de coordenar e orientar as forças sociais desde cima ou de fora dessas forças. Isso revela uma separação entre o técnico e a sociedade, esquecendo-se de que o técnico se situa numa correlação das forças sociais. Ao separar-se os dois pólos se justifica a separação do saber e do poder por meio de uma neutralidade aparente.

A "administração" e a "planificação" abstraem o problema da realidade concreta para esquematizá-los segundo o critério tecnocrático de uma racionalidade imposta pelas instituições dominantes.

A ideologia tecnocrática considera o Estado acima da sociedade, e as soluções aos problemas sociais como dependentes de uma racionalidade implícita em planos, projetos e programas.

## A predominância do sujeito

Anteriormente indicamos que a perspectiva que considera a situação, esquecendo-se do sujeito, faz do sujeito o objeto. A perspectiva que considera o ator, esquecendo-se do objeto, também objetiva o sujeito ao isolá-lo da realidade de suas relações sociais.

Na divisão da sociedade em classes, a classe dominante apresenta-se como sujeito da história, arrogando-se o direito de ser representante de toda a sociedade ao dominar as classes subalternas. Nesse conflito as classes dominadas *aparecem* como sujeito, mas em realidade é na luta que ambas se estruturam a partir da situação objetiva no modo de produção.

A seguir destacaremos duas colocações que no Serviço Social valorizam o aspecto ativista do indivíduo como ator social sem considerar a sociedade e a ação social no seu contexto global: a perspectiva psicologista e a perspectiva da orientação social.

## Perspectiva psicologista

Na década de 30 a psicanálise exerceu grande projeção e influência sobre o Serviço Social. No trabalho concreto dos assistentes sociais enfatizavam-se os mecanismos de defesa, o problema da transferência e da contratransferência, a formação do EU. Considerava-se que a fonte da problemática social tinha sua origem no próprio indivíduo, propondo-se um tratamento psicológico para essa problemática. Assim, era por intermédio do relacionamento do EU profissional com o EU do cliente que se faziam as entrevistas "terapêuticas".

A personalidade era vista como um sujeito de atuação sem considerar as relações estruturais.

Cora Kasius[10] diz que o princípio fundamental do Serviço Social é que "a pessoa tem capacidade para autodesenvolver-se e mudar-se", até chegar a uma segurança emocional na sua atuação. Segundo a autora, o assistente social deve estimular as experiências positivas da personalidade para promover seu autodesenvolvimento. Destaca ainda a necessidade que têm os homens de serem aceitos pelo seu meio, devendo-se buscar na família a principal fonte de apoio de cada um. É na família que se encontram as forças que afetam o bem-estar individual, principalmente na habitação e na saúde comum.

Nessa perspectiva, a capacidade de autodesenvolvimento do homem é tomada de uma forma abstrata e isolada. Pode-se ver aí a conotação da ideologia do *self-made man*, que se baseia na tese do *self-help*, da auto-ajuda como forma de autopromoção pelo próprio *esforço*. Cada problema que apresenta o indivíduo é "seu problema" e não a manifestação das relações sociais. Dessa forma o indivíduo aparentemente tomado como ator se torna um objeto e isolado de suas próprias relações sociais.

## Perspectiva da "orientação social"

Tecla Machado define o objeto do Serviço Social como o processo de orientação social, isto é, o processo desenvolvido pelo homem para obter soluções normais à suas dificuldades sociais.[11]

Segundo essa autora o assistente social ajudaria o indivíduo no processo de encontrar o que denomina "soluções normais" para suas dificuldades.

O objetivo desse processo seria levar o homem a uma tomada de decisão. Para tomar qualquer decisão necessita de uma orientação vinda de alguém, de fora.

---

10. Kasius, Cora. *Princípios Básicos de Serviço Social*. (*Social Case Work*.) Yanuary, 1953, v. XXXIV, number 1, traduzido por Eunice Vieira Videla, Universidade de Minas Gerais, 1953, ed. mimeografada.

11. Soeiro, Tecla Machado. "Bases de uma reformulação do Serviço Social". Rio de Janeiro, *Debates Sociais*, Suplemento nº 4, novembro 1970, p. 130.

A dificuldade é isolada da prática social, da sociedade mesma, tornando-se um problema para o sujeito isolado. Em segundo lugar, as soluções que se colocam como "normais", por oposição a qualquer outra vista como anormal, dependem da consideração ideológica do saber e do poder profissional.

A orientação torna-se um processo de adaptação, de submissão do sujeito cliente à intervenção profissional. O homem é reduzido a uma "mentalidade" e não é visto no conjunto de ações em que se vai produzindo.

Uma análise mais profunda da "orientação" dada aos "clientes" do Serviço Social revela que se situa nos limites do saber do orientador.

É em função dessa ideologia que se encaminha o cliente, que se distribuem recursos, sem uma análise política da situação e das relações de classe do próprio cliente. As classificações dos problemas segundo uma taxonomia pré-fabricada empiricamente mostram-se como uma formulação circunstancial, submetidas ao sistema institucional.

A "orientação" significa uma percepção imediata da dificuldade, tomada isoladamente, segundo um esquema institucional que busca um controle do indivíduo.

Segundo Abel Garcia Barceló "o pensar abstrato generaliza um traço ou uma propriedade comum a vários casos ou exemplos; (...) isola uma característica que serve para dar um nome às coisas".[12]

As características com as quais se classificam os problemas para essas "orientações" configuram abstrações da realidade concreta, da sociedade como um todo. Separam-se certos valores do homem que produz esses valores e que pode mudá-los e refazê-los. Os valores são vistos como estáticos e eternos e o Serviço Social como um meio de compreensão desses valores.

A seguir analisamos a relação sujeito-objeto numa perspectiva dialética, levando em conta a história e a estrutura.

## A relação sujeito-objeto

O Serviço Social faz-se concretamente em determinada sociedade, determinada instituição, por determinada profissão. Para compreendê-lo é necessário situá-lo em determinado contexto social.

---

12. Barceló, Abel Garcia. *Hegel y la Dialéctica Científica de Marx*. Buenos Aires, Centro de Estudios, 1971, p. 14.

O homem não é um "gênero" ou uma espécie abstrata, não é um conjunto de características, não é pura atividade mental, não é uma contemplação. O homem faz-se sujeito na história sendo ao mesmo tempo fruto da história. Diz Marx que "os homens fazem sua própria história, mas não a fazem a seu livre-arbítrio, sob as circunstâncias escolhidas por eles mesmos, mas sob aquelas circunstâncias com as quais se encontram diretamente, que existem e que lhes foram legadas pelo passado".[13]

Os homens como sujeitos da história e seus protagonistas se situam em classes sociais e vão criando seus meios de produção e reprodução ao mesmo tempo que se produzem e reproduzem a si mesmos. A atividade humana realiza-se em determinada estrutura.

Para descobrir a relação entre sujeito e objeto é necessária essa perspectiva histórico-estrutural da prática social.

É na prática social que se dá a relação sujeito-objeto. A prática é a transformação de um objeto num produto determinado por uma atividade. Isto é, a colocação em marcha de uma atividade para realizar um produto a partir de um situação dada e de um projeto.

A prática social faz-se nas condições objetivas e que são produto da história, podendo por sua vez serem transformadas.

Essa prática não se reduz à produção de bens materiais, mas compreende também as superestruturas que por sua vez reagem sobre a própria produção de forma dialética. Assim, pela luta de classes, pela experimentação científica, pela atividade artística,[14] pelo trabalho político, pela forma de conhecimento e reconhecimento social, os homens condicionam-se e integram-se.

Nessa ação o homem produz sua consciência mesmo que não se dê conta disto. Essa consciência permite ao homem reconhecer e/ou desconhecer seu mundo, projetando novas transformações e novos conhecimentos.

A visão da sociedade como um projeto que se estrutura na luta de classes e no desenvolvimento da acumulação do capital é que permite situar as práticas das classes, dos grupos e dos próprios indivíduos. Permite também visualizar a perspectiva de uma prática crítica e revolucionária.

É nessa perspectiva que se situa o "novo trabalho social", fazendo-se participante da transformação social junto com os protagonistas dessa transformação: as classes subalternas.

---

13. Marx, K. *El Dieciocho Brumario*. Obras Escogidas, Moscú, Editorial Progreso, 1969, p. 99.

14. Tsé Tung, Mao. *Acerca de la práctica*. Pequim, ed. en Lenguas Extranjeras, 1968, p. 15.

É necessário, portanto, que participe das lutas dos homens dominados na criação de projetos alternativos de sociedade. Esses projetos não preexistem como um momento estático, um ideal, mas vão se fazendo e refazendo constantemente. É na prática e na reflexão dessa prática que se vão definindo as estratégias e táticas da transformação social e da atuação profissional.

Os atores individuais são situados nas suas relações sociais de exploração e de dominação e as perspectivas de atuação profissional vão-se estabelecendo na medida em que se configuram correlações de força que permitem também alternativas de atuação profissional. Esse tema será posteriormente desenvolvido nos capítulos 6, 7 e 8.

## Capítulo 4
## Positivismo e dialética no trabalho social

No segundo capítulo analisou-se a relação entre ideologia e Serviço Social, de maneira específica e sistemática. No entanto resta elucidar um dos problemas básicos do Trabalho Social contemporâneo: sua relação com a ciência, de maneira mais específica, visto que ciência e ideologia não se separam.

Consideramos a relação entre ideologia e ciência numa totalidade, na dialética da opacidade e da transparência, da ação e do conhecimento, da prática e da teoria.

Nas ciências humanas o objeto é algo construído. Ele se faz presente ao homem nessa construção teórica em que se relacionam a experiência e sua sistematização.*

Neste capítulo buscamos aprofundar o conceito de ciência e sua relação com o Trabalho Social, relacionando teoria e prática.

Trata-se de uma colocação geral e sintética. As idéias não são expostas em seu desenvolvimento histórico, destacando-se certos autores pela contribuição específica ao tema. Nossa crítica a determinada postura não significa o desconhecimento de sua contribuição, que sob outro ponto de vista possa ter oferecido às chamadas "ciências sociais".

Em primeiro lugar estudamos o desenvolvimento histórico do conceito de ciência. Em seguida apresentamos as posturas do positivismo enquanto aceitação da ordem estabelecida e a dialética como negação e transformação da sociedade e da ordem vigentes.

---

\* Consultar o capítulo 5 sobre o conceito de *sistematização*.

# Desenvolvimento histórico do conceito de ciência

O conceito de ciência não é unívoco. Historicamente ele vem sofrendo modificações de acordo com as transformações sociais e com a práxis da própria ciência. Essa práxis reflete-se no pensamento de Aristóteles, Bacon, Galileu, do Círculo de Viena, dos modernos filósofos franceses e norte-americanos. Os cientistas sociais tratam também do problema epistemológico em seus campos específicos.

Na filosofia clássica o conhecimento significava ordem, razão, *logos*, por oposição ao conhecimento vulgar, do senso comum. O primeiro se expressava na *dianoia* ou discurso. O segundo se expressava na *doxa* ou opinião. À ciência correspondia a *demonstração*, isto é, o raciocínio concatenado, lógico, segundo regras, princípios e postulados de realidade, evidência, verdade e dedução.[1]

Na Idade Média se desenvolveu o silogismo como forma de pensamento racional, de acordo com uma lógica formal, com suas regras rígidas. O conteúdo desse pensamento deriva de uma visão teocêntrica e metafísica do homem e do mundo. Só em 1620 é que aparece o *Novum Organum*, de Bacon, rompendo com esse teocentrismo e propondo a consulta à natureza, à experimentação e à busca das causas para que o homem pudesse aumentar seu poder e enriquecer seus conhecimentos.

Galileu Galilei (1564-1642) defende a tese da *observação* e da *dedução matemática* como método fundamental da ciência. Para ele a experiência (*esperienze sensate*) é que fundamenta o conhecimento científico, em contraposição a uma concepção metafísica de uma natureza eterna. Começou assim a aplicação do método experimental às ciências físicas, o que foi continuado por Kepler e Newton.

Claude Bernard (1813-1878), médico e epistemólogo, afirmava, já no século XIX, que "a experiência é a idéia controlada por um fato". Por um lado esse autor combate o empirismo puro e o intuicionismo, e por outro defende a submissão da razão aos fatos, sistematizando o método científico em três momentos:

a) *os fatos sugerem uma idéia;*
b) *elabora-se uma idéia diretriz (hipótese);*
c) *novos fatos verificam a idéia.*[2]

---

1. Pedroso, Dagmar S. "Galileo Galilei e a Ciência Moderna", in *Estudos sobre Galileo Galilei*. Porto Alegre, UFRS, 1964, p. 37.

2. Bernard, Claude. *Introduction à l'étude de la médicine expérimentale*. Paris, Hachette, 1943, p. 120.

As exigências do desenvolvimento das forças produtivas e as conquistas nos campos da matemática e da lógica levaram a ciência a uma linguagem cada vez mais exata e formal. O controle da natureza e dos homens colocaram como necessária essa exatidão.

Nesse contexto o rigor consistia na elaboração de regras de construção de conceitos e na eliminação de expressões mal definidas e não controláveis.

Isso reduziu a ciência a um formalismo abstrato. A corrente positivista buscou então uma linguagem "cósica", baseada nos predicados observáveis das coisas para exprimir o discurso científico. As propriedades observáveis são aquelas que podem determinar-se por observação direta. E a tese "fisicalista" da ciência.[3]

O tratamento dos fatores científicos como coisas observáveis corresponde ao desenvolvimento do capitalismo como produtor de mercadorias, de coisas intercambiáveis. A produção de mercadorias caracteriza o sistema capitalista, enquanto elas representam o resultado de um processo de exploração e de troca. Elas materializam novas formas de relação entre os homens, escondendo e revelando o processo de produção e apropriação dos produtos.

Nesse processo a ciência é concebida como meio para incrementar a produção de mercadoria e a produtividade, dentro de cânones de um controle rigoroso dos resultados.

Hoje novos cânones de cientificidade foram se desenvolvendo, superando a visão naturalista e factual da ciência como sua visão puramente formalista e idealista. Há os que confundem ciência e formalismo, numa concepção convencionalista do trabalho científico, que traz os ranços do antigo nominalismo.

Não se pode negar que a axiomatização e "a completa reordenação da estrutura formal dos axiomas tenham possibilitado avanços na rigorosidade científica, eliminando-se do discurso científico o que seja vago, impreciso, substancialista".[4] A lingüística e os modelos matemáticos têm contribuído para a superação do focalismo positivista.

Atualmente a construção teórica já não se baseia mais na evidência dos fatos isolados, mas na estrutura global do pensamento teoricamente sistematizado em teoria. A noção de verdade ou falsidade depende da rela-

---

3. Geymonat, Ludovico. *Filosofía y Filosofía de la Ciencia*. Barcelona, Editorial Labor, s/d, p. 32.

4. Ibid., p. 69.

ção com a teoria. O formalismo, sem referência a um conteúdo, torna-se impotente para resolver os problemas que ele coloca.

Se a ciência é uma construção histórica, ela se define pelo que a sociedade e os grupos que detêm o poder e elaboram o saber consideram ciência em determinado momento. O método científico deve ser estudado em relação aos princípios internos que o regem e às exigências externas que o determinam. Ciência e sociedade são inseparáveis.

Na perspectiva aqui considerada a questão do método científico se recoloca totalmente. Não deve mais ser considerado como um conjunto de regras gerais e rígidas e nem uma tentativa de ensaio e erro. Ao contrário, o método constrói-se a partir da realidade, é a consciência do movimento concreto desta realidade que se revela ao pensamento abstrato. Esse método não é um dogma único para todas as ciências. Ele desenvolve-se na relação da teoria com a prática, do abstrato com o concreto.

O descobrimento da ordem própria de cada conteúdo de uma forma crítica significa a aproximação ao método desse próprio conteúdo.

A construção da ciência social ou das ciências sociais depende, por um lado, da reflexão sobre a realidade social no período histórico determinado e, por outro, das relações nas quais se constrói essa própria reflexão.

A ciência social desenvolve-se num conjunto de relações de saber e poder que refletem as lutas sociais e portanto se situam em relações de dominação e subordinação. Sendo assim, um grupo poderá impor determinadas regras que podem passar a ser consideradas dominantes no momento determinado.

Por exemplo, segundo Lucien Goldman, a concepção de ciência em Durkheim revela um otimismo cartesiano que expressava a tradição de uma burguesia relativamente pouco abalada pelo desenvolvimento de um proletariado que ainda não tinha podido opor a essa burguesia sua própria visão socialista do mundo.[5]

Durkheim considera os fatos sociais como coisas, e propõe que os sociólogos se coloquem no mesmo estado de espírito que os físicos e os químicos, lutando contra os preconceitos. Essa colocação, de caráter positivista, considera os fenômenos sociais isolados das relações em que se produzem.

Merton e Parsons, nos Estados Unidos, continuam nessa mesma linha de pensamento, e colocam a metodologia das ciências sociais sob o princí-

---

5. Goldman, Lucien. *Las Ciencias Humanas y la Filosofía*, Buenos Aires, Nueva Visión, 1970, p. 26.

pio da neutralidade, considerando o sistema existente em suas formas de equilíbrio, conformidade e manutenção. Essa sociologia da ordem social contradiz por si mesma esse princípio de neutralidade.

Max Weber acha que se deve distinguir os fins, os juízos de valor das operações e dos meios. Segundo ele, os fins se estabelecem ou se escolhem pelo seu caráter valorativo. A ciência serve para ajudá-los a compreender os juízos de valor e fazer um juízo crítico sobre ele, permitindo um conhecimento dos *meios* necessários para alcançar esses fins, de acordo com determinada racionalidade.[6]

Weber desenvolve seu pensamento em uma época em que a burguesia já se sente questionada, propondo uma estratégia de separação dos meios dos valores, para justificar uma posição ideológica de neutralidade e assim legitimar-se.

A própria ciência social, no pensamento de Weber, como no de Parsons, adquire caráter *pragmático e utilitário*, mais que um caráter crítico e revolucionário.

Machado Neto afirma que a sociologia é obra do homem contemporâneo e que não tem olhos senão para conhecê-lo. Conhecê-lo e instrumentá-lo com *eficácia na* realização de seus projetos. E não, quase diria felizmente: "para orientar valorativamente estes projetos".[7]

Contrastando com essas posições, em luta com elas, a concepção dialética e histórica da ciência e das ciências sociais implica outra visão dela, situada no conjunto das determinações e dominações históricas e estruturais. A sociedade constrói-se na luta de classes e é nessa luta que se constituem os valores sociais sob a forma de distintas ideologias.

A ciência, nessa perspectiva, consiste na luta constante contra os aspectos unilaterais e pobres, na busca do multilateral do rico, do concreto, como síntese de múltiplas determinações.[8]

Essas considerações levam-nos a tecer comentários sobre a problemática da ciência e da ação, em relação às condições em que elas mesmas se produzem.

A história mostra-nos o homem como uma totalidade de relações com o mundo e com os outros homens, de acordo a sua situação objetiva na

---

6. Weber, Max. *Essais sur la Théorie de la Science*. Paris, Plon, 1967, p. 125.
7. Machado Neto, A. L. *Problemas Filosóficos das Ciências Humanas*. Brasília, Universidade de Brasília, 1966, p. 112.
8. Marx, Karl. *Introduction Générale à l'Economie Politique* in Oeuvres, v. I, Col. Pléiade. Paris, Gallimard, 1965, p. 255.

estrutura social, e é nessa relação ou nestas relações que se constroem os meios e os fins das suas ações.

Nessas relações concretizam-se, realizam-se formas de dominação ou libertação, de alienação, manipulação ou criticidade. Essas formas produzem-se nas lutas das classes fundamentais da sociedade, burguesia e proletariado, e de outras classes existentes em determinada formação social.

A libertação é um processo histórico, inserido e dependente das lutas sociais das classes subordinadas. É nessas lutas que se cria, dependendo da organização e mobilização das classes dominadas, o projeto que, dialeticamente, orienta a luta pela transformação da sociedade.

Dessa luta a ciência não fica de fora. Existe uma luta de classes no plano teórico que se manifesta no que chamamos de lógica da dominação e lógica de libertação. Evidentemente esses dois tipos de lógica não se manifestam de forma estática como aqui apresentamos, mas se constituem na confrontação cotidiana das relações de poder. É necessário ver essas relações de poder não de forma estática, mas dialética.

## Lógica da dominação

A divisão da ciência em "pura" e "aplicada" reflete o ponto de vista positivista. Augusto Comte diz que todos os trabalhos humanos são de especulação ou de ação. Distingue os conhecimentos teóricos dos práticos e acrescenta que o estudo da natureza está destinado a subministrar a base racional da ação do homem sobre a natureza.

Assim se exprime Comte: "todos os trabalhos humanos são de especulação ou ação. Assim a divisão mais geral de nossos conhecimentos reais consiste em distinguir entre os teóricos e os práticos. Se consideramos, antes de mais nada, essa primeira divisão, resulta evidente que temos que nos ocupar somente de conhecimentos teóricos, e aqui o há que considerar é a especulação e não a aplicação, salvo na medida em que essa possa aclarar aquela (...).

"Sem dúvida deve-se conceber o estudo da natureza como destinado a subministrar-nos a verdadeira base racional da ação do homem sobre a natureza, enquanto conhecimento das leis dos fenômenos, cujo resultado constante consiste em fazê-los prever. É unicamente isso que pode levar, ativamente, a modificá-lo em nosso benefício, uns mediante outros... Resumindo: ciência, logo previsão; previsão, logo ação; esta é a fórmula muito singela que exprime exatamente a relação geral entre a ciência e a arte".[9]

Nessa citação fica bem claro o caráter absoluto das verdades adquiridas por meio da especulação, sendo a ciência pura a que oferece as regras gerais aos técnicos. A ciência consiste no conhecimento teórico, de que resulta uma apreciação. Essa separação da teoria da prática tem um significado social que é necessário analisar. Ela relaciona-se a um tipo de visão específica de outra classe e da divisão social do trabalho do sistema capitalista.

Essa defasagem entre a especulação e a ação reflete a dominação dos que executam pelos que pensam (mandantes, possuidores do saber). Os últimos deteriam não só o poder, mas também as soluções, ficando a prática na dependência dessas elaborações teóricas. Isso exprime a visão da classe dominante burguesa que vê o mundo por intermédio do sistema ideológico, baseado na divisão do trabalho capitalista, que separa a ação do conhecimento e o conhecimento da ação, justificando assim a divisão da sociedade em classes sociais: uma para pensar, outra para trabalhar. Podemos até concluir que, segundo a concepção positivista, a "verdade" só existe na contemplação, na especulação pura, depende dos que "pensam", portanto, dos que dominam.

No século XX, aparentemente, coloca-se o oposto: a ciência teria um caráter pragmático, baseado na eficácia e na eficiência. É a reação tecnocrática. Essa visão também separa a especulação da ação, pois valoriza a técnica para em oposição a uma ciência pura.

Para o pragmatismo a separação entre a teoria e a prática é uma forma de justificar um mundo eficiente, produtivista e consumista, que serve à reprodução da acumulação do capital.

## A racionalidade positivista

Essa lógica da separação, do isolamento, da divisão dos tipos de conhecimento, estrutura-se e manifesta-se no "método" neopositivista.

Tenta-se transpor o método das ciências físicas às ciências sociais. Aqui pretendemos analisar esse método nas ciências sociais.

Esse método divide a lógica científica em dois elementos fundamentais: a descrição e a explicação.

---

9. Conforme Geymonat, Ludovico, op. cit., p. 115.

Descrever significa, nesse caso, medir, quantificar, exprimir os fenômenos pela atribuição de números e medidas. Assim a realidade fica reduzida a aspectos quantificáveis e mensuráveis.

Nessa perspectiva, para quantificar e medir, toma-se como ponto de partida os fatos percebidos, o que existe, o estabelecido. Além disso, separam-se os elementos quantificáveis dessa realidade. A eficiência exige que se controlem as variáveis, que se apresente a "realidade" por meio de padrões precisos, para melhor controle e eficiência. Uma das funções da quantificação, entre outras, é justamente padronizar os dados para obter-se o máximo de precisão e controle. O saber vincula-se ao controle.

Essa quantificação implica portanto uma redução da realidade a aspectos temporariamente mensuráveis, quantificáveis. A quantidade torna-se não raramente um obstáculo a uma análise qualitativa, ou esconde uma visão qualitativa da realidade sob a máscara da quantidade.

A simples descrição da "realidade" em números não quer dizer a exclusão de uma visão qualitativa. Além do mais a descrição supõe uma aceitação do dado separado em variáveis ou aspectos mais ou menos isolados.

A quantificação isolada permanece ao nível do imediato, do empírico, velando aspectos mais profundos, e ficando no universo da experiência obtida, em que justamente se pode dar essa experiência.

Pode-se supor que se a experiência não é permitida, a ciência também não o será. O universo em que se dá a experiência é limitado e definido pelas relações de poder. As experiências permitidas são aquelas que não contestam, não questionam a sociedade. Essa forma de conhecer, como diz Marcuse, não implica um *novo modo de "ver"*.[10] Esse modo de ver é quantitativo, isolado e de forma parcializada.

A própria descrição restringe-se ou pretende restringir-se ao observável, às variáveis observáveis sem questionar que os próprios sentidos são socialmente "formados" e que a observação depende das relações sociais.

Segundo R. Harré, "um acontecimento particular explica-se quando *se isolam* as condições nas quais se produz o acontecimento".[11]

Para *explicar*, segundo esse método, isolam-se os acontecimentos em variáveis, particularizam-se as condições causais do fenômeno, busca-se controlar uma relação determinada.

---

10. Marcuse, Herbert. *El Hombre Unidimensional*. Barcelona, Seix Barral, 1969, p. 192. Juntamente com Marcuse Horkheimer e Adorno, da Escola de Frankfurt, fizeram críticas substanciais ao positivismo.

11. Harré, R. *Introducción a la Lógica de las Ciencias*. Barcelona, Labor, 1967, p. 51.

Explicação e controle são dois conceitos que se relacionam. A relação de dois fenômenos A e B estabelece-se de tal forma que A *explique* B ou, ao contrário, segundo a perspectiva do pesquisador.

A explicação faz-se no universo da aceitação e da contemplação, segundo uma "hipótese" formulada pelo investigador para em seguida buscar fatos que se relacionem com ela. Assim se parte da posição do observador isolado da realidade que observa, ou seja, do postulado da exterioridade radical do observador. Para referir-se aos fatos, esse método usa a catalogação, a taxonomia, a classificação.

A explicação dá-se por um sujeito que conhece *sobre o objeto conhecido*, segundo a idéia de que o observador se acha por cima do observado. É o sujeito que estabelece o nexo entre os fatos. A descrição permitiria identificar e a explicação sistematizar os fatos segundo um idéia do sujeito. Assim, a hipótese passa ser uma idéia pela qual o observador relaciona, na sua mente, dois fatos considerados isolados. O lado ativo do conhecimento está valorizado nessa relação do sujeito que constrói o modelo explicativo.

O conhecimento então se dá, ou se realiza a partir da interpretação que o sujeito dá aos fatos. Além disso esta explicação é linear e sucessiva. O conhecer separa-se do concreto, da realidade.

Esse método, segundo R. Harré,[12] tem por objetivo "saber como manipular nosso meio em nosso proveito, o que nos dá o poder sobre o qual se pode basear nossa segurança geral". A "explicação", não raramente, puramente formal, é uma justificação desta "segurança" da classe dominante. A segurança buscada por meio do conhecimento implica evidentemente submeter não só os fatos às idéias, mas a própria classe dominada. Isto é, pretende-se submeter a classe subalterna às idéias da classe dominante. O processo de conhecimento não se separa das lutas sociais.

O objetivo, portanto, desse método é a manipulação, o proveito, o poder, a segurança geral. Esse quadro referencial orientou a aplicação do método, em distintas áreas do conhecimento. Maiores detalhes dessa aplicação serão dados ao referirmo-nos ao Serviço Social. Essa análise nos leva a colocar a questão das alternativas metodológicas que surgem ou que possam superar a colocação positivista.

Para isso é necessária uma reflexão mais profunda sobre as lutas sociais e a sociedade, o que a seguir faremos ao analisar a lógica da libertação.

---

12. Harré, R. *Introducción a la Lógica de las Ciencias*. Barcelona, Ed. Labor, 1967, p. 51.

Na perspectiva positivista tanto a explicação como a descrição supõem uma representação das relações sociais de forma bastante parcializada, empírica, tentando ordenar dados sensíveis, mas submetendo-se a eles.

## O Positivismo no Serviço Social

Em relação à prática e à teoria do Serviço Social recentemente se tem preocupado com os problemas metodológicos. Exemplos disso são os seminários de Araxá e Teresópolis, no Brasil, os seminários do ISI (Instituto de Solidariedade Internacional), CELATS (Centro Latino-Americano de Trabalho Social) e algumas publicações do grupo ECRO, da Argentina.

A prática do Serviço Social era considerada como um meio, uma mediação, um instrumento da sociedade, para alcançar determinado nível de bem-estar. O próprio documento de Araxá defende essa concepção. Para conseguir-se essa eficácia a prática foi não raramente considerada como uma terapia de certa patologia social.

O objetivo dessa prática era eliminar carências, disfunções, problemas de desadaptação, problemas de condutas desviadas. Buscava-se melhorar a sociedade existente, sem entretanto colocá-la em questão.

Essa correção dos abusos existentes na sociedade baseava-se num empirismo de ensaio e erro, e de tratamento isolado de cada uma das problemáticas. No entanto esse empirismo não se separou de certo formalismo, desenvolvido pela tecnocracia, no sentido de envolvê-lo em técnicas de planificação, controle, administração, computação.

A lógica da dominação, conservadora e estática, baseia-se na idéia do continuísmo, no método da posividade, no universo da experiência, limitada ao controle dos fatos observáveis.

O Serviço Social, ao buscar o melhoramento da sociedade pela correção de certos desvios, justifica essa melhora pela evolução, pela modernização, pela reintegração de certos elementos desviados num todo harmônico.

A prática social assim utiliza técnicas aceitas pela sociedade, para que os desviados e marginalizados possam ser reconduzidos a um fim social que a própria sociedade considera útil a ela mesma.

Assim é racional o que é útil, o que pode servir à manutenção da ordem estabelecida. O saber busca, especificamente no caso do Serviço Social, meios, mediações, para que se alcancem os objetivos gerais do sistema, pela reintegração dos elementos isolados e desviados.

A prática profissional do Serviço Social usa então a técnica de "interpretação" da conduta individual, considerando-a de acordo a valores e parâmetros estabelecidos.

Essa "interpretação" se "baseia" numa série de pesquisas, dados, amostras, fichas, e outros instrumentos descritivos. Cada indivíduo passa, por exemplo, a constituir um caso, definido por variáveis estabelecidas e segundo essas variáveis é classificado como um "problema", numa taxonomia combinatória de distintos critérios. Os vários "problemas" classificam-se em econômico, psicológico, social, religioso, moral, dividindo-se não só a realidade estrutural, mas o próprio indivíduo. Evidentemente assim é mais fácil controlá-lo.

O presente é explicado pelo passado, como sugere Durkheim em suas *Regras do Método Sociológico*: a causa determinante de um fato social deve ser buscada nos fatos sociais antecedentes e não nos estados da consciência individual, afirma Durkheim. Acrescenta ainda que "a função de um fato social deve ser investigada na relação que tem com um fim social".[13] O fim social significa a função que cumpre esse fato. Nota-se que Durkheim não considera a consciência dos fatos, mas isola a consciência do fato, do próprio fato.

Esse esquema de pensamento é também desenvolvido na prática do Serviço Social, em que se busca recensear e vasculhar o passado de indivíduos, grupos e comunidades, para encontrar "focalisticamente" a *causa de certos fenômenos* considerados problemas no presente.

Wright Mills[14] diz que os profissionais práticos liberais consideram problemas tudo o que:

1) *se desvia dos modos de vida da classe média das pequenas cidades;*

2) *não esteja de acordo com os princípios rurais da estabilidade e da ordem;*

3) *não esteja de acordo com os slogans progressistas e otimistas do "atraso cultural";*

4) *não se conforme com os progressos sociais adequados. Mas o que caracteriza o praticalismo liberal é a noção de:*

5) *"adaptação" por oposição a "desadaptação".*

---

13. Durkheim, Emile. *Las Regias del Método Sociológico*. Buenos Aires, Editorial Schapire, 1969, p. 78.

14. Mills, Wright. *A Imaginação Sociológica*. Rio de Janeiro, Zahar, 1965, p. 101.

O Serviço Social encontra-se situado nesse praticalismo liberal focalista e adaptativo, utilizando o método para adaptação, ou técnicas de adaptação.

Essa perspectiva implica a utilização de esquemas de observação, medição, para controle da vida cotidiana de indivíduos ou grupos. Com o emprego desses esquemas são classificados os níveis de problemas, os setores sociais e os serviços correspondentes e "necessários" à solução desses problemas.

Fazer uma prática profissional consiste portanto em trazer uma "ordem" ao mundo "caótico" por um esquema formal com o qual se classificam e ordenam problemas empíricos. Certos manuais de orientação neopositivista insistem justamente na elaboração de questionários, projetos e técnicas de controle. Conhecer a realidade significa, assim, "um esquema" para enquadrá-la e não para transformá-la.

Esse neopositivismo também se manifesta na idéia de um Serviço Social "empresarial",[15] em que a agência social adote uma "capacidade operacional" pela melhor combinação produtiva de recursos em função de problemas de carência ou desvio. A idéia de um aumento e eficiência do serviço depende do próprio problema que essa sociedade leva em conta, aumentando assim a produção de serviços e dando a idéia de eficiência em função dos próprios problemas que perturbem a ordem estabelecida. Assim funciona o tecnocratismo.

Nessa linha, o Serviço Social torna-se mais burocrático, administrando serviços, questionários, papéis, números e estatísticas. A preocupação fundamental dessa prática é o bom funcionamento dos instrumentos, o controle das falhas mecânicas, aproveitando-se os recursos das instituições na própria lógica dessas instituições. Cria-se então programas, subprogramas, projetos dentro de uma lógica institucional que estabelece os próprios problemas aos quais pretende dar soluções.

O centro de atenção dessa prática torna-se a própria manipulação de dados, a apresentação de relatório, a realização de atividades como visitas, telefonemas, conselhos, encaminhamentos, distribuição de recursos, entrevistas, reuniões.

O trabalho se volta ao circunstancial: a mudanças de local, à prestação de serviços isolados, a curso de costura, à capacitação doméstica, sem

---

15. Dantas, José Lucena. "Metodologia do Planejamento Social", in *Debates Sociais*, nº 10, maio 1970, p. 44.

a perspectiva do contexto estrutural global e de análise das condições das relações de poder dentro das instituições.

Essa concepção neopositivista serve evidentemente ao processo de dominação e de exploração. As classes subalternas relacionam-se com as classes dominantes mediatizadas por esse saber que se constitui assim numa lógica de dominação. Evidentemente essa forma de controle não se constitui de forma maquiavélica, mas nas relações sociais e na luta de classes.

## Lógica da libertação

O método da lógica, como diz Hegel, "é a consciência relativa à forma do automovimento interior de seu conteúdo".[16]

O método é a consciência da manifestação do desenvolvimento de um conteúdo, da manifestação da realidade segundo seu movimento próprio, suas contradições, seus impulsos internos, seus nexos interiores. O método não é, portanto, uma série de regras, nem o nexo ideal estabelecido entre variáveis isoladas por um sujeito observador. É pela prática científica que se forma o método.

"O método, como o instrumento terão, como diz Bachelard, um valor de oportunidade".[17] Não se pode fixar o método, fixá-lo em esquema sem conteúdo.

Nessa perspectiva, a realidade e o pensamento, o sujeito e o objeto não são entidades isoladas, mas se constituem recíproca e mutuamente na prática. A história é um, produto do homem assim como o homem é produto da história.

O objeto do conhecimento é um objeto construído. O quadro referencial e os instrumentos de observação dos espaços no movimento histórico constituem-se a partir das relações entre o sujeito que conhece e a realidade. Consciência e ciência fazem-se ao mesmo tempo, em níveis diversos, na história. O plano da análise constrói-se na relação com a realidade, mas não se confunde com ela.

O método constrói-se, constitui-se, nesse movimento de relação entre a ação e a reflexão, e nas condições dadas pelas relações de saber e poder.

---

16. Hegel, G. W. F. *Ciencia de la Lógica*. Buenos Aires, Solar/Hachette, 1968, p. 50.
17. Bachelard, Gaston. *Essai sur la Connaissance Approchée*. Paris, J. Vrin, 1968, p. 62.

É na prática de luta que se coloca e se desenvolve a transformação do homem e da sociedade. Ao colocar o indivíduo como objeto de uma descrição isolada esquece-se que ele é sujeito de transformação. A lógica da dominação é uma lógica de manipulação. Do ponto de vista da libertação trata-se de questionar, de criticar o próprio processo de dominação e de acumular forças para mudar essas relações. Na perspectiva da libertação, descrição e explicação relacionam-se dialeticamente, no sentido de se situar a ambas no conjunto de relações sociais, e no processo de mudança da sociedade. Assim a explicação se situa e se busca no movimento contraditório da realidade, e não num esquema ideológico do sujeito. O ponto de partida da análise é um resultado objetivo, a partir do qual se tenta entender o processo que o gerou, vinculando a realidade particular ao processo, ao aspecto geral, buscando-se, por meio do abstrato, ou das abstrações, a compreensão das múltiplas determinações do concreto. Busca-se estruturar as relações do geral e do particular num conjunto globalizador de relações.

A origem e o fundamento do fenômeno não se mostram de imediato. Não se mostram no conhecimento do sentido comum. E preciso situar o fenômeno historicamente e numa perspectiva de totalidade.

A perspectiva histórica busca entender a realidade como movimento que se transforma a partir das suas contradições internas e das suas condições concretas. A perspectiva da totalidade busca entender os fenômenos a partir da contradição geral dessa mesma realidade em suas relações dialéticas.

Nessa perspectiva tenta-se superar a linearidade, o aspecto e/ou a visão conservadora da sociedade e a particularização das problemáticas. Fins e meios não se relacionam estaticamente, mas dialeticamente.

O que fundamentalmente caracteriza a transformação são as lutas, os conflitos, em que se nega a sociedade presente, em que as forças se opõem, projetando-se novas relações sociais.

A negação é o movimento de oposição, de forças que se relacionam em conflito com as forças dominantes. Negação é também positividade no sentido de que das lutas se vão gerando formas alternativas de sociedade.

A superação da dominação e da exploração não é o movimento ideal, mas surge das contradições da realidade existente. Compreender esse processo de negação e criação é função duma lógica da libertação.

Sartre assinala a importância de compreender-se a positividade que desemboca naquilo que ainda não foi.[18] Mas o que não existe depende

---

18. Sartre, Jean Paul. *Crítica de la Razón Dialéctica*. Buenos Aires, Losada, 1970, v. I, p. 78.

das lutas, do movimento, de confrontação das forças que se relacionam historicamente.

Nessa perspectiva, totalidade e transformação não são planos isolados, mas é por intermédio da análise que a teoria se torna uma negação para a libertação, ao considerar o conflito, a luta, e a possibilidade de uma sociedade alternativa como elementos de um quadro referencial teórico. Essa consciência da libertação constitui-se nas lutas práticas e teóricas e dá-se ao nível do conhecimento.

Ao conhecer, evidentemente, o homem não pode abarcar a totalidade com o conhecimento e a realidade que se relacionam dialeticamente. Mas ao estabelecer planos de análise, os fenômenos se apresentam ao conhecimento em sua diversidade e em sua especificidade e em suas relações estruturais e históricas. A ciência não se constrói de forma absoluta, mas numa permanente relatividade, num processo de ruptura com os dados imediatos pelas mediações abstratas, buscando-se, pela análise, uma síntese dessa realidade.

Para explicar um fato concreto, por exemplo, um homem com fome, é necessário situar esse espaço na sua generalidade. No próprio movimento da realidade que produziu esse homem com fome que, por sua vez, sente. vive a própria fome sem muitas vezes saber as relações que a produziram. É superando o humanismo ideológico e considerando o período, as relações de dominação, de exploração, e a história, que se pode ir explicando esse fato concreto.

Assim, a explicação não se isola de um processo de produção do próprio espaço. A conceituação torna-se uma mediação de conhecimento do concreto, situando-se na prática em que se relacionam sujeito e objeto mediatizados por suas situações.

A mediação técnica é nada mais que um instrumento que busca, no plano da análise, e com uma coerência própria, o que possa sistematizar, em determinado movimento, as relações sociais.

A hipótese e outros instrumentos desenvolvidos pela prática científica são mediações técnicas de uma postura geral de uma compreensão da realidade.

Essa postura portanto é ao mesmo tempo um ponto de partida e um ponto de chegada que não se isola das lutas sociais, considerando a ciência nesse contexto e não como neutralidade.

As contradições não se apresentam ao conhecimento imediato, mas se constroem por abstrações. Nesse sentido a realidade concreta vai sendo pensada como concreta, e não é gerada no pensamento. Os planos da análise permitem ir distinguindo e compreendendo a própria realidade.

Num esquema positivista, os dados observados são apresentados como a verdade, sem que se penetrem os níveis de interdependência da realidade no próprio plano da análise. A aproximação aos dados se faz como se fosse a aproximação à verdade. Evidentemente todo processo de conhecimento implica também o desconhecimento do mundo. A busca da generalidade implica uma pedagogia do conhecimento que se critica a si mesma e é essa capacidade de crítica do saber do próprio saber que caracteriza o método científico. Nessa busca do geral elaboram-se os conceitos, as relações internas entre as partes, na luta entre o ilusório e o real, o unilateral e o multilateral, o isolado e o conjunto, o exterior e o interno do mundo.[19]

Essa construção teórica faz-se numa prática teórica, em condições determinadas. Diz Marx que "as abstrações mais gerais só surgem com desenvolvimentos concretos os mais ricos em que um caráter é comum a muitos, a todos".[20]

A relação do particular com ò universal, da totalidade com a contradição, da contradição com a totalidade, da teoria com a prática, da prática com a teoria, do concreto com o abstrato, do abstrato com o concreto, da sincronia com a diacronia, da diacronia com a sincronia, é o movimento histórico e dialético.

Na construção científica, é necessário um constante processo de ruptura. Como diz Bachelard, "a ciência não é o pleonasmo da experiência".[21] A construção científica supõe essa descontinuidade, a construção do pensamento, uma relação entre conhecimento e realidade de forma separada e unificada ao mesmo tempo.

A ciência faz-se contra o imediato, contra as sensações, como diz Bachelard, isto é, superando.

A prática do Serviço Social encontra-se frente a um desafio histórico. Se quer ser o instrumento da libertação das classes subalternas e oprimidas, necessita fundamentar na prática das lutas sociais, sua própria prática profissional.

---

19. Tsé Tung, Mao. *Acerca de la Práctica*. Pequim, Ediciones en Lenguas Extranjeras, 1966, p. 12.
20. Marx, K., op. cit., p. 259.
21. Bachelard, G. *Le Rationalisme Appliqué*. Paris, PUF, 1966, p. 38.

Essa reorientação implica um recambiamento da prática e da teoria do Serviço Social. Exige uma prática teórica de sua ação e, mais que isso, uma vinculação às lutas e aos interesses das classes subalternas, no seu movimento de luta contra as classes dominantes.

Esse trabalho implica pesquisa e ação num só movimento. A nova investigação e a exposição em Serviço Social só se farão transformadoras à medida que participa da contribuição às lutas, contra as classes dominantes. O educador é também educando, aprende e ensina, utilizando um instrumental tecnológico existente, num conjunto de relações determinado.

O método e o fim profissionais são mediações que dependem das relações de poder e de saber. O que propõem as classes subalternas, no processo de libertação, constitui-se na própria luta. As mediações profissionais são apenas *contribuições* nesse processo e seu método e seus fins se estabelecem historicamente. Nesse sentido a prática e a teoria se articulam dialética e criticamente.

É no nível teórico-prático que se constrói o objeto de trabalho de cada situação concreta. Como diz Canguilheim, "não se pode falar propriamente de um método indutivo. O que é indução, isto é, invenção de hipóteses na ciência experimental, é o signo mais claro da insuficiência do método para explicar o progresso do saber; contra o positivismo: não se pode propriamente falar de certeza relativamente às leis e às teorias explicativas. Não há fato que não seja penetrado de teoria, não há lei que não seja de uma hipótese momentaneamente estabilizada, *portanto a pesquisa das relações de estrutura é tão legítima como a pesquisa das relações de sucessão e de semelhança"*.[22]

A busca da explicação nas relações estruturais não se opõe à busca das relações dessas mesmas relações no tempo, mas dentro de uma perspectiva de luta dialética. As relações de sucessão ou de semelhança propostas na perspectiva positivista não têm em conta a história, mas apenas a temporariedade.

Se o objeto do Serviço Social pode c deve ser construído teórica e praticamente, seus instrumentos também são hipóteses de trabalho provisórias, uma aproximação do particular e do universal para a superação de conflitos que se lhe apresentam em determinadas situações. Seu instrumental teórico-prático deve portanto ter um sentido heurístico e crítico modificando-se frente às situações específicas das relações estruturais.

---

22. Canguilheim, Georges. "Leçons sur la Méthode", in Bourdieu, Chamboredon, Passeron, *Le Métier de Sociologue*. Paris, Mouton, 1968, p. 313.

Nesse sentido coloca-se a hipótese em outra perspectiva, servindo de instrumento para pensar a própria realidade, como numa categoria que se constrói historicamente e não como o nexo ideal estabelecido ou preestabelecido entre fatos isolados.

A contribuição à prática da libertação não é uma verificação de hipóteses como proposições isoladas, mas uma constante reflexão e elaboração do objeto a partir das contradições que são teoricamente pensadas.

Nesse sentido a reflexão sobre os instrumentos e as mediações do Serviço Social devem ser concretamente situadas nas relações de poder e de saber estruturadas nas instituições e nas políticas sociais do Estado capitalista.

O movimento de reflexão e de superação das contradições depende portanto das relações que os profissionais estabelecem com as classes subalternas que constituem a "clientela" do Serviço Social. Evidentemente as relações que se estabelecem com a clientela não são isoladas das relações globais do próprio sistema de exploração e de dominação.

Por outro lado, essa clientela também tem suas próprias organizações de classe e a partir delas é que estabelece fundamentalmente o movimento de confrontação com a classe dominante e de conquista de seus interesses.

O movimento de superação das contradições portanto não depende de agentes externos que vêm levar uma "mensagem de fora" a esta clientela, mas das contradições da realidade e da própria organização das classes subalternas. Mas esse processo pode ser facilitado, esclarecido, sistematizado e refletido teoricamente por certos agentes profissionais externos à própria "clientela".

Na sua atuação prática o Serviço Social pode ir-se constituindo, em aliança com as organizações, com as associações específicas da clientela. Nessas relações é que se vai estabelecendo também a reflexão teórica, por meio de aproximações sucessivas, a forma de ação para superação das contradições.

É uma ilusão pensar que podemos enquadrar a realidade em duas ou três alternativas como hipóteses que seriam confirmadas ou infirmadas pela prática. Gaston Bachelard diz: "O verdadeiro sobre o fundo do erro, tal é a forma do pensamento científico".[23] A realidade não é unilateral, mas rica e multilateral, é o campo do possível e das lutas e não se reduz a uma experimentação, mas é um processo. Assim não é a partir do saber profissional que se estabelecem as alternativas de atuação. A prova, nesse tipo de pro-

---

23. Bachelard, G. *Le Rationalisme Appliqué*. Paris, PUF, 1966, p. 48.

posta, é algo histórico, relativo e dá-se na relação da teoria com a prática. O conhecimento sem relação com a prática torna-se profundamente academicista e mesmo conservador, pois se consome nos discursos teóricos, uns criticando os outros.

A constituição teórica e prática do Serviço Social no processo de libertação dar-se-á à medida que ele se vincule, das formas mais diversas possíveis, aos movimentos sociais da própria clientela e da sociedade civil. Para isso ele necessita articular sua prática, mesmo institucional, às formas possíveis de ação junto a clientela, não só enquanto ator institucional, mas enquanto classe dominada, enquanto classe explorada, enquanto classe proletária e subalterna.

# Capítulo 5
# A sistematização do trabalho social

## Perspectiva geral de análise

Nesse capítulo abordaremos o problema da sistematização de forma apenas introdutória, pois não se trata de um estudo epistemológico que contraste posições e elabore uma teoria sistemática.

O Serviço Social é aqui entendido no contexto da prática. Essa prática implica as relações do homem com o mundo e com os outros homens na sua recíproca transformação. Relacionam-se dialeticamente, teoria e prática. Essas relações são entendidas no contexto global das relações de classe na sociedade capitalista. Essas relações radicam-se nas relações de produção, que separam os homens em proprietários e não-proprietários, improdutivos e produtivos, mandantes e executantes, dominadores e dominados, numa confrontação contraditória, pois um desses "pólos" só existe em relação ao outro.

O Serviço Social ou Trabalho Social alternativo define-se em relação a uma *contribuição* ao processo de libertação que implica uma transformação do sistema de dominação e na construção de um projeto racional dessa mesma transformação. Este projeto surge das próprias lutas sociais, e a partir da própria organização dessas lutas se torna menos espontâneo, menos voluntarista, menos místico e mistificador.

Nesse sentido a prática da libertação implica uma ruptura com o empirismo e o funcionalismo tanto como método quanto como ideologia.

A ruptura com a concepção estática e focalista dos fenômenos, com a ilusão do saber imediato, com as mistificações da classe dominante exige a busca de alternativas frente aos desafios que apresentam os próprios conflitos em que as forças sociais estão envolvidas.

Essas respostas ou a busca dessas respostas alternativas implica também repensar a própria dinâmica do sistema de dominação na sua globalidade.

A perspectiva funcionalista de análise tem como referência a ordem, isto é, as relações de unidades ou elementos dentro do próprio sistema. Essa relação coloca-se em termos de equilíbrio e de manutenção da própria estrutura, e não de sua transformação. Evidentemente essa sociologia da ordem se coloca como uma cosmovisão, uma representação do mundo que tem servido aos interesses da classe dominante. Isto não descarta entretanto a contribuição que possa dar para a análise de certos aspectos da própria realidade.

Nessa perspectiva, a sociedade existe como um equilíbrio, sendo o desequilíbrio uma disfunção. A análise da construção desse modelo mostra como ponto de partida uma concepção ideal do equilíbrio. Assim podemos esquematizar sumariamente, essa forma de análise:

1) **Situação ideal de equilíbrio:**

   conceituação limite de uma sociedade perfeita, com a manutenção da ordem interna de seus elementos por meio de processos de controle da própria energia a partir dos valores sociais.

2) **Situações de desequilíbrio:**

   perturbações ou tensões nas relações entre os elementos que perturbem ou modifiquem a ordem concebida ou os controles estabelecidos.

3) **Reequilíbrio:**

   restauração da ordem pelo controle das tensões e das perturbações institucionais.

Esse modelo implica uma ação mantenedora, de reintegração dos elementos perturbadores a uma ordem geral. Assim há uma separação de um mundo funcional, de seu aspecto valorativo. A ação social concebe-se como uma restauração da ordem ou correção dos desvios, por meio de técnicas e de controle.

Mas a correção, a reintegração, a readaptação, a rearticulação dos elementos se fazem em função de uma concepção de ordem e de eficiência que se definem pelo equilíbrio geral do processo.

Nesse sentido o modelo funcionalista separa os valores da própria ação, ou melhor, esses valores são articulados não estruturalmente, mas através da sua introjeção, da sua interiorização pelos atores individuais.

Nessa perspectiva funcionalista há ainda outra forma de conceber a análise e a ação social, baseando-se mais num esquema indutivista que poderia ser apresentado da forma seguinte:

1) *Levantamento e enumeração de distintos problemas tomados* isoladamente. *Ponto de partida de uma atuação frente a esses problemas.*

2) *Interpretação dos problemas por meio de um esquema, seja classificatório seja de compreensão. Em geral se faz uma relação entre um problema e outro, chegando-se às vezes a uma forma circular de explicação. Elaboração de um plano de ação específico.*

3) *Generalizações dessas interpretações por sua repetição. Generalizações de "soluções".*

## Processos de ruptura

Nesse último esquema há uma visão que isola os fenômenos e busca compreendê-los estaticamente, pois os esquemas são fundamentados em concepções que separam os valores universais e situações específicas.

A superação desses esquemas implica uma nova postura metodológica.

Essa postura pretende assumir uma perspectiva transformadora, conflitiva, de confrontação, baseada nos próprios conflitos e na dinâmica das forças sociais.

Fundamentando esta perspectiva, diz Marx, na *Introdução à Crítica da Economia Política*, que "o ponto de partida de uma análise pode ser a população. Porém essa população é algo muito abstrato, se não se toma em conta as classes sociais que a compõem. Mas para entender as classes sociais temos que buscar fundamentos nos quais se baseiam como o trabalho assalariado, o capital etc. Esses elementos por sua vez supõem o valor de troca, a divisão do trabalho etc. Assim se compreende por que a população é aparentemente um conceito caótico, ainda que possa aparecer, num primeiro momento, como o mais concreto".

Nessa perspectiva a sistematização significa o movimento de conhecimento que se vincula à construção de categorias que se estruturam a partir da própria dinâmica da realidade que se transforma.

Enquanto conhecimento, essa sistematização busca também a superação do subjetivismo, do espontaneísmo e dos iluminismos particularistas. Por isso, essa perspectiva busca considerar as relações do todo com as partes, das partes com o todo, do particular com o geral, do geral com o particular, do concreto com o abstrato, do abstrato com o concreto.

A sistematização sugere um ato de conhecimento que faz com que uma problemática parta do universo do comportamento vivido ao universo dos temas estruturados por um pensamento dialético, para de novo reorientar a ação, isto é, retomar a prática teoricamente orientada.

A vivência, as problemáticas, as situações, tornam-se matéria-prima para a reflexão e uma elaboração sistemática, à medida que são teoricamente pensadas.

De acordo com essa concepção dialética, a realidade e o conhecimento não são elementos considerados num equilíbrio estático, mas numa construção dinâmica.

Tanto a realidade como a teoria modificam-se estruturalmente e é a partir da própria capacidade de crítica da teoria que ele assim se constitui.

A seguir apresentamos um quadro de relação entre a teoria e a realidade.

## CONHECIMENTO, REALIDADE E COMUNICAÇÃO

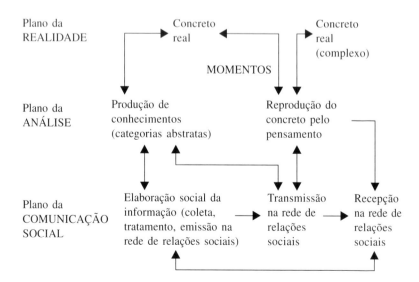

O processo de conhecimento supõe a inter-relação de um sujeito que conhece e um objeto de conhecimento.

No esquema positivista postula-se a exterioridade radical do sujeito em relação ao objeto. Isso significa que o sujeito possa situar-se de "fora" do objeto que conhece. O conhecimento é concebido como uma elaboração do sujeito *sobre* o objeto conhecido, mas sem que o sujeito deforme o objeto. Ele vê e constrói o objeto, tal como ele é. O conhecimento termina se separando da realidade, pretendendo ser exterior a ela.

No esquema aqui proposto, realidade e conhecimento se transformam dialeticamente. Isso não quer dizer que ambos se confundam. Ao contrário, ambos se relacionam, cada um conservando sua estrutura.

O processo de conhecimento modifica-se na relação com a realidade, na construção de categorias de análise, traduzindo no plano da análise a própria complexidade da realidade que determina as modificações no conhecimento.

O processo de sistematização visa traduzir, no plano analítico, a complexidade, a riqueza, a multideterminação da realidade. Esse processo não é linear, dependente de uma evolução da apreensão sensível do real até sua revelação em conceitos e juízos.

É um trabalho teórico, uma prática teórica, diz Althusser, que se realiza a partir dos conceitos, das generalidades, do conhecimento acumulado sobre o real, na permanente confrontação com a realidade. Não se trata de um trabalho teórico isolado, fechado em si mesmo, mas que se transforma a partir da relação com a própria realidade.

A formulação de uma prática teórica em que o conhecimento só conhece o conhecimento, num processo de generalizações, esquece que esse processo se realiza situado num contexto social e político, na luta de classes.

As relações de saber/conhecer são relações de poder. O conhecimento é uma forma de relação com a realidade, uma forma de relação entre os homens, de divisão do trabalho e de dominação política. O conhecimento está organizado, estruturado em esquemas que se impõem nas relações de poder.

O conhecimento considerado como científico provém de cânones definidos por organizações intelectuais e que se estruturam em função da produção de bens e serviços e da reprodução das relações sociais.

Nesse sentido as experiências, os movimentos, as lutas populares, as preocupações cotidianas do povo não são objeto da informação, do conhecimento. As experiências,populares, seu "saber popular" é relegado ao limbo do incompleto, da ignorância, ou é manipulado como objeto por aquele que sabe generalizar, conhecer.

Na prática profissional corrente, o diagnóstico tradicional nada faz senão traduzir essa "opinião profissional", daquele que sabe sobre uma situação de quem não sabe.

A sistematização dialética implica uma ruptura nessas relações de saber/poder. O trabalho de conhecimento das situações particulares não visa reduzi-las a generalidades, muito menos a dogmas, nem perder-se no momentâneo, no imediato, no particularismo.

O dogmatismo tudo quer "explicar" por generalizações universais buscando submeter a realidade a esquemas pré-fabricados para justificar ou impor uma visão/ação no mundo. Fórmulas como "desenvolvimento das forças produtivas", "avanço do imperialismo", "acumulação do capital", sem uma articulação teórica não servem de nada para fazer avançar as lutas concretas e nem o processo de conhecimento. A realidade deve moldar-se a um formalismo abstrato, genérico, estéril.

Por outro lado, a busca da "compreensão", do sentido imediato, do significado da ação para os atores específicos, cai no particularismo, no voluntarismo, isolando cada momento, cada situação de uma *relação* com o contexto global.

As situações particulares, a problemática com que se enfrenta o profissional não está separada da produção geral, da produção em geral. As experiências, as lutas cotidianas devem então ser traduzidas em categorias que ampliem, critiquem, contestem a informação sobre o imediato.

A sistematização assim é ao mesmo tempo informação, comunicação, generalização do processo de transformação prática.

A apreensão da problemática não é neutra, e o processo de conhecimento dá-se em relação à prática, à luta. Diz Havemann que "aprendemos da coisa apenas aquilo que para nós era essencial".[1]

A relação dialética entre essência e aparência está vinculada ao processo de transformação do mundo. À medida que o homem, na práxis, representa a realidade, ele c faz, adaptando o que abstrai em relação ao que se lhe torna necessário modificar.

Essa transformação se realiza no processo de cooperação e luta, exigindo-se portanto que a representação se transforme em comunicação e informação.

---

1. Havemann, Robert. *Dialética sem Dogma*. Rio de Janeiro, Zahar, 1967, p. 50.

A sistematização permite, ao mesmo tempo, a construção de categorias e conceitos para "refletir", captar a experiência de luta, da problemática e para modificá-la, possibilitando o seu redimensionamento teórico-prático no processo de comunicação entre os atores "profissionalizados" e os "clientizados".

É com as problemáticas particulares *das camadas populares* que trabalham os profissionais da área social. Não são problemáticas em geral. Nelas se manifestam e se escondem os processos gerais cuja abstração consiste na "descoberta" dos nexos, aí existentes com as formas gerais do desenvolvimento do modo de produção capitalista.

Para a transformação e a análise dessa problemática são necessárias mediações abstratas e visualizações concretas que possibilitem a *comunicação* entre os homens.

A informação de que o homem do povo dispõe está ligada a sua luta pela sobrevivência e ao contexto de dominação político-ideológico.[2]

A informação do técnico deve estar mediatizada por conceitos, categorias, teorias que vão configurar recursos para uma análise. A construção da análise do "real-vivido" dá-se no processo de comunicação-informação-abstração.

A informação obtida na ação é elaborada abstratamente no processo de comunicação para servir à ação.

A informação-experiência é relato, conto do imediato, que, assim mesmo, pode ser assumida e até vista como um dado para entrega de um recurso.

Os dados colhidos do dia-a-dia, do cotidiano, podem servir para preencher os brancos de inúmeros formulários institucionais, sem, no entanto, serem sistematizados.

Os formulários e fichas, é bem verdade, classificam, colhem informações e permitem atribuir certos recursos, quando são preenchidas certas condições.

A prática profissional institucional tem-se limitado a ver *esses dados, essas condições, esses recursos*, num estrito controle de cada um deles, para que as condições se adaptem aos recursos disponíveis. Os recursos são raros e os dados do cliente mostram cada vez mais necessidades históricas\* de melhores condições de vida.

---

2. Ver o capítulo segundo a respeito da definição da superestrutura político-ideológica.

\* Sobre o conceito de necessidade, consultar nosso trabalho *A Política Social do Estado Capitalista*. São Paulo, Cortez, 1980.

Essa forma institucional de "conhecer" está em função dos recursos, isto é, do poder, pois o poder estabelecido é que dispõe desses recursos institucionais. "Conhece-se" para selecionar, classificar, enquadrar e desligar o cliente de acordo com as normas e recursos institucionais.

## Estrutura e estratégia sistemática

A sistematização não implica situar-se fora das instituições, mas no estabelecimento de uma nova estratégia de conhecimento e ação. Essa estratégia implica uma nova visão da *palavra e da ação* das classes subalternas, como uma mediação de um sistema complexo de relações sociais estruturais. A prática torna-se mediatizada, não pelas normas e controles institucionais, mas por um plano de análise que se constrói historicamente na própria práxis de relações entre as forças em presença e das quais os profissionais fazem parte.

As mediações teóricas, então, propiciam a superação de um controle e servem ao processo de transformação pelas lutas sociais.

Os recursos são situados em relações de poder e se tornam objeto de análise complexa num processo de luta, de disputa, em que o "receptor", o "usuário", o "beneficiário" é visto numa relação de força. Conhecer essa força para desenvolvê-la é tarefa da sistematização.

Assim o conhecimento da situação, nessa perspectiva, necessita construir também novos instrumentos, novas categorias, novas práticas de acordo com as estratégias institucionais possíveis. Como exemplo, o gravador está sendo utilizado pela população (cujo protótipo é o cacique Juruna) para controlar as promessas de membros do bloco do poder em relação às reivindicações populares. As demandas apresentadas institucionalmente são também, por sua vez, tomadas, sistematizadas e devolvidas como *reivindicações* e não como pedidos isolados de pobres indivíduos carentes.

Esse processo leva à pesquisa da própria população, das relações estruturais da problemática em questão.

A captação e expressão dessas relações, no plano da análise, da exposição, é tarefa, pois, de uma sistematização daquilo que é essencial à transformação.

Ação, investigação e exposição combinam-se dialeticamente. como se pode observar no seguinte esquema visual:

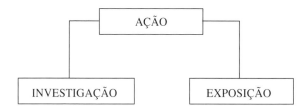

A sistematização busca a estrutura simples dos fenômenos, pois. como diz Havemann, "o desnecessário deve ser reduzido ao mínimo".[3]

Essa estruturação das relações, no plano da análise, e como processo de comunicação, produz determinados efeitos na ação, no comportamento, na atitude dos homens, tanto dos "técnicos" ou profissionais como dos atores "clientes".

Essa sistematização objetiva, pois, desprofissionalizar e estabelecer uma aliança entre o saber técnico e o saber popular para avançar as lutas, a transformação da realidade concreta de dominação.

Meios e recursos técnicos os mais variados como fichas, gravações, entrevistas, fotos, diários, cartas, questionários podem assim ser utilizados como instrumentos de informação para transformação. Informação que se acumula e se modifica pela análise e pela comunicação na prática.

Esse trabalho teórico implica pois um posicionamento político-profissional e vice-versa.

O trabalho social de transformação exige a constante reflexão teórica no engajamento com a prática da transformação.

Essa prática implica a reflexão teórico-estratégica para situar-se nas relações de poder e contrapoder em que se encontrem os "atores profissionais".

O redimensionamento teórico do trabalho social só se realizará a partir da prática teórica de pensar suas condições de trabalho e as práticas concretas de lutas cotidianas no processo de transformação global da sociedade.

---

3. Havemann, Robert, op. cit., p. 55.

# Capítulo 6
# Estratégias para ação

O Serviço Social como disciplina profissional vem-se transformando constantemente, em particular na América Latina.

Percebe-se, em nossos países, uma nova reflexão sobre a profissão, que se manifesta em congressos, seminários como os de Araxá, Teresópolis, Caracas, Ambato, Costa Rica e outros, e também na reestruturação permanente dos currículos das Escolas de Serviço ou Trabalho Social.*

Uma das preocupações centrais do Serviço Social, neste período, foi a busca duma base científica para suas atividades, notando-se uma tendência para superar o empirismo e o idealismo frente aos desafios do subdesenvolvimento e da dependência. Mais recentemente o Serviço Social voltou-se para o estudo das condições institucionais do seu trabalho.

A preocupação com o aspecto científico da ação profissional nasceu da própria crise por que passava a profissão frente à constatação de sua ineficácia diante dos problemas e também da mobilização e organização da classe trabalhadora.

O Serviço Social como profissão vive hoje na América Latina um momento crucial. Ou se renova ou tenderá a ser superado pela própria realidade como um idealismo impregnado de boas intenções.

---

\* Não se pode ignorar a contribuição do CELATS (Centro Latino-Americano de Trabalho Social), órgão da Associação Latino-Americana de Escolas de Trabalho Social, financiado pela Fundação Adenauer.

## Ciência e técnica social

O ponto de partida de nossa reflexão é o problema da relação entre ciência e técnica e sua repercussão na atividade profissional do Serviço Social.

Há debates sobre o assunto que dividem os trabalhadores sociais. Ezequiel Ander-Egg afirma, por exemplo, que o Serviço Social é uma *tecnologia*, enquanto outros autores consideram-no numa etapa científica.

Uma profissão não se define somente pelo seu método de trabalho, pelo seu ciclo operativo, dentro de uma área ou setor do universo que se propõe a estudar, ocupando o número significativo de pessoas que, por seu exercício, recebem uma remuneração. Uma profissão define-se nas relações historicamente estabelecidas pelo desenvolvimento das forças produtivas e das relações sociais entre classes dominantes e dominadas. Em outras palavras a profissão implica saber e poder.

O Serviço Social como profissão moderna começou a ser sistematizado com a contribuição de Mary Richmond a partir do simples voluntariado assistencialista, por meio de sua teorização do diagnóstico social das situações — problema individuais ou familiares.

Esta modificação no método operativo, introduzida por Mary Richmond, não significou automaticamente um salto na ideologia ou no compromisso do profissional.

Evidentemente, não podemos resolver de forma absoluta a questão da relação entre ciência e técnica. Não são fenômenos isolados do conjunto da sociedade, do jogo de forças das classes sociais. Os métodos empregados pela ciência e pelo Serviço Social estão em correlação com o desenvolvimento das forças sociais, com o desenvolvimento das ciências e das lutas ideológicas. Assim, a assistência e a preocupação com uma tecnologia social estão relacionadas com a própria dinâmica da sociedade capitalista. Essa dinâmica implica o desenvolvimento da tecnologia em busca de maior produtividade, a partir da própria mudança na composição orgânica do capital.

Nas ciências físicas talvez seja possível vislumbrar uma separação entre tecnologia e ciência. Nesse âmbito o papel da ciência seria o de construir teorias, de provar e comprovar hipóteses, de elaborar leis. O papel das tecnologias seria o de introduzir modificações controladas pela utilização de instrumentos uniformes, com base científica.

Baseado nessa concepção, alguns estudiosos do Serviço Social concebem-no como uma "engenharia social" que compreenderia a aplicação de tecnologias pana controle de fenômenos sociais, por oposição a uma ciência que seria apenas contemplativa ou básica. Alguns currículos de Serviço Social refletem essa concepção dividindo a formação, de forma rígida, em ciclo básico e ciclo profissional ou aplicado.

Essa defasagem entre científicos e técnicos deriva de uma concepção liberal das profissões no século XIX, segundo a qual os primeiros são os que realizam a pesquisa fundamental, sem sujar as mãos, e os segundos se tornam os "intervenientes" práticos, preocupados em resolver ou em solucionar de maneira correta o problema concreto específico e isolado.

A profissão tornar-se-ia um conjunto de técnicas de solução de problemas ou *problem solving*: Lippit afirma que o esforço de mudança se orienta à solução dos problemas que se apresentam aos clientes e de forma específica.[1]

Essa tendência se desenvolveu na América do Norte, onde a própria dinâmica social do desenvolvimento do capitalismo exigia também produtividade nos Serviços Sociais, implicando a modificação do seu trabalho e transformando-o num mecanismo de solução de pequenos problemas isolados do cotidiano.

Nesse esquema sobressai também um modelo de concepção neutral da técnica. O profissional nada mais seria que um facilitador, um intermediário entre problemas e recursos.

Nas ciências sociais nota-se uma forte reação a este modelo. Segundo esta reação, o técnico introduz na prática ou deve introduzir elementos teóricos. A elaboração de teorias faz-se a partir da prática, de uma atuação controlada dentro de um marco referencial global, a partir de conceitos e também de referências ideológicas.

A prática exige um marco teórico, elaboração de teoria e conhecimento específico de solução de problema, dependendo da especificidade da atuação profissional.

A técnica isolada da ciência, da teoria, é apenas uma prática repetitiva, isolada, tecnocrática. A técnica fragmentada, ou seja, uma prática que passa a utilizar o subproduto intelectual dela mesma conduz ao tecnicismo, ao empirismo, negando-se assim as possibilidades mais amplas de reformulação. Limita-se ao espaço e fica restrita nos limites de uma aplicação mecânica. Nada mais é que uma visão neopositivista da atuação profissional.

Nas instituições predominam os modelos tecnocráticos segundo os quais os profissionais devem ser os executantes de uma política determi-

---

1. Lippit, R., et alii. *La Dinámica del Cambio Planificado*. Buenos Aires, Amorrortu, 1970, p. 15.

nada por altos escalões administrativos. Os técnicos devem apenas aplicar um conjunto de normas preestabelecidas, administrando os problemas da clientela.

Uma atuação que se limita a esses condicionamentos dificilmente poderá renovar, pois não conta com a própria crítica, nem com o referencial capaz de colocar em questão essa atuação.

A realidade social é a base da elaboração das teorias e técnicas e com a qual o técnico mantém uma relação dialética. Essa relação implica a unidade de método, de ideologia e conhecimentos científicos.

A viabilidade científica da teoria do Serviço Social depende, pois, da construção de um corpo sistemático de conhecimentos em relação à sua prática e que lhe dê condições de criticar-se a si mesmo. Essa teoria irá configurando um todo estruturado e completo que possa explicar, num nível mais amplo e profundo, a própria teoria epistemológica empírica, neopositivista e idealista.

Essa ruptura faz-se por uma atitude crítica e transformadora em relação às relações sociais que determinam a própria existência da problemática social e dos recursos. Ela não se limita aos dados empíricos, mas os reconstrói e os coloca nas suas relações estruturais. As técnicas de fragmentação do saber estão vinculadas à fragmentação política da própria classe subalterna e sua modificação implica a adoção de elaborações teóricas e posicionamentos políticos que levem a uma visão da totalidade.

O conceito de totalidade é uma perspectiva de trabalho para compreender a realidade nas suas contradições e transformá-las praticamente, como afirma Marx na quarta tese sobre Feuerbach.

A atividade prática implica ao mesmo tempo a compreensão teórica, isto é, das leis gerais que regem o desenvolvimento da sociedade.

A análise da totalidade não é uma busca de relações de interdependência entre fenômenos, o que levaria somente a um ecletismo que pretende harmonizar opiniões e tensões. O que faz o funcionalismo.

A partir de oposições estáticas não é possível visualizar-se o desenvolvimento do processo, a luta entre os opostos, as contradições, e seu enfrentamento.

A totalidade concreta é contraditória como processo, como relação e na sua própria estrutura. A perspectiva da totalidade contraditória implica colocar as problemáticas em determinados níveis de análise para poder pensá-las concretamente. Não se pode atuar nessa perspectiva sem considerar o conjunto das contradições da produção burguesa e seus próprios limites.

Marx afirma que "se, nesse sistema burguês acabado, uma relação econômica supõe outra sob a mesma forma da economia burguesa, de tal modo que todo fator posto é ao mesmo tempo um pressuposto, esse é o caso de todo sistema orgânico. Este, se bem que totalidade, tem seus próprios pressupostos e sua evolução para a totalidade consiste precisamente em que ele subordina a si mesmo todos os elementos da sociedade e cria assim os órgãos que lhe faltam".[2] Essa afirmativa mostra certo organicismo, mas o importante é considerar que as partes só existem em relação a um todo complexo contraditório e em processo.

A visão de totalidade no plano da análise implica, pois, a busca das contradições e determinações fundamentais de uma problemática, que, aparentemente, seria isolada, fragmentada, específica.

A imediatez e o particularismo no tratamento de uma problemática concreta ou específica leva ou carrega uma ideologia da possibilidade de solução dos problemas um por um pelo conhecimento isolado do movimento global de transformação.

Atribuir a transformação aos indivíduos isolados é concebê-la desde um ponto de vista abstrato e parcial. Lukacs diz que o erro da burguesia é buscar o concreto no indivíduo histórico empírico (que se trate de um homem, de uma classe, de um povo) e na consciência empiricamente dada (psicológica ou de psicologia de massas). E assim quando acredita ter achado o mais concreto se equivocou completamente sobre a concreção, isto é, a sociedade como totalidade concreta: a ordem da produção em determinado momento do desenvolvimento social e a articulação por ele provocada da sociedade de classe.[3]

Nessa perspectiva a atuação profissional coloca-se na mediação entre forças sociais e de forma comprometida com uma delas na solução de problemas.

Essas forças constituem-se a partir de suas práticas, que, por sua vez, inserem-se e explicam-se pela própria produção do capital e dos homens nesse modo de produção.

A produção dos homens e sua reprodução, a produção e reprodução de seus problemas não são isoladas da produção e da reprodução do próprio capital e das relações de dominação que isso implica.

---

2. Marx, K. *Principes d'une critique de l'Economie Politique*, in Oeuvres, Economie I. Paris, Gallimard, 1968, p. 235.
3. Lukacs, G. *Historia y Conciencia de Clase*. México, Grijalbo, 1969, p. 54.

# A relação meio-fim no trabalho social

A opção objetiva por determinados fins profissionais implica, portanto, sua situação nessa relação de poder e saber dentro do contexto social global, do desenvolvimento do Estado e de suas políticas.

Toda atuação e organização implicam a elaboração de determinados fins para pôr em marcha as forças disponíveis, mas os resultados não são iguais aos fins preestabelecidos.

A atividade humana e as relações entre os indivíduos implicam relações de forças e portanto estratégias e táticas, e, como diz Engels, o curso da história se rege por leis gerais de caráter interno. Também aqui reina na superfície e em conjunto, apesar dos fins conscientizados, desejados dos indivíduos, um aparente azar: "raramente acontece o que se deseja, e na maioria dos casos muitos fins perseguidos se entrecruzam uns com os outros e se contradizem, quando não são por si mesmos irrealizáveis e carecem de meios bastante eficazes para impor-se", e continua: "os fins que se perseguem com os atos são obras da vontade, mas os resultados, que, em realidade, deles derivam, não o são e, ainda quanto pareçam ajustar-se ao fim perseguido posteriormente, encerram conseqüências muito distintas das desejadas.[4]

O estabelecimento do fim e dos objetivos profissionais supõe uma análise das condições em que se realiza a própria atuação. Entre estas estão os limites institucionais como também os espaços aí disponíveis e as estratégias possíveis.

A pesquisa e a análise concreta dessas condições é que pode permitir, em primeiro lugar, uma prática teórica que tenha em conta o poder institucional e os interesses da população e das classes sociais com as quais se trabalha e especificamente da clientela ou categorias com as quais diretamente se relaciona o profissional.

Numa sociedade complexa é preciso determinar, portanto, quais são os interesses em jogo em relação ao problema específico e assim as funções profissionais podem ser teoricamente esclarecidas.

A determinação dos fins e funções do trabalho social depende do conhecimento da estrutura e da superestrutura, mediatizando-se esse conhecimento pela teoria do modo de produção capitalista, que oferece critérios para distinguir, no plano da análise, os distintos níveis de determinação e de dominação.

---

4. Engels, F. *Ludwig Feuerbach y el Fin de la Filosofía Clásica Alemana*. Moscú, ed. en Lenguas Extranjeras, 1946, p. 48-49.

Florestan Fernandes diz que: "para os tecnicistas a conveniência de uma combinação integrada entre fins, meios e condições de ação constituía um dilema na perspectiva dos agentes sociais. Acima de tudo contava o propósito de lograr os fins propostos pelos meios e condições realizáveis na prática. Daí a conseqüência inevitável: o modelo heterogêneo de intervenção, incapaz de 'submeter' todas as fases dos processos conscientes de renovação cultural a objetivos e a procedimentos racionais".[5]

À medida que o próprio conhecimento das condições do saber foi tornando-se mais crítico, também as profissões começaram a colocar em questão a própria situação objetiva desse saber em suas relações sociais.

O desenvolvimento do saber sobre seu próprio saber e das suas condições de produção levou os agentes profissionais a situar-se m relação à dominação política e ideológica das classes dominantes por oposição às classes subalternas.

Nesse sentido foi-se tornando mais claro o problema do compromisso do saber com as classes dominadas e de uma ação em aliança com ela.

A intervenção ou a ação profissional do trabalho social e de outras profissões colocava-se, no modelo liberal, em resposta à satisfação de necessidades abstratas e formais ou em relação a direitos formalmente estabelecidos.

No entanto, as necessidades não são fenômenos abstratos, estáticos, de caráter individual ou baseadas numa natureza humana idealizada. As necessidades são históricas e se constituem no processo de desenvolvimento das forças produtivas e de lutas sociais.

O modelo voluntarista ou finalista de intervenção apóia-se em fins e doutrinas alheias a esse processo histórico de constituição das próprias necessidades.

A perspectiva de ação, do ponto de vista dialético, estrutura-se a partir do desenvolvimento das lutas sociais e da situação estrutural das forças em presença. A busca de satisfação das necessidades, histórica e estruturalmente determinadas, se faz na correlação de forças que lutam por satisfazê-las.

Essa correlação implica estratégias e táticas específicas. A análise das condições de saber e poder para estabelecimento dos fins profissionais na sociedade global e nas instituições específicas constitui uma dessas estratégias, pois o método se faz e se constrói na prática teórica e na prática em si.

---

5. Fernandes, Florestan. *Ensaios de Sociologia Geral e Aplicada*. São Paulo, Pioneira, 1960, p. 178.

A ação social numa sociedade e numa instituição específica é determinada por essas relações complexas. Daí a variedade de funções que cabe ao trabalho social cumprir historicamente como profissão situada e condicionada por essas forças.

As problemáticas sociais, com as quais se enfrenta o profissional, são pólos em torno dos quais há interesses em questão. A modificação e a transformação dessas problemáticas não depende, portanto, de soluções exclusivamente tecnocráticas, de recursos específicos, mas de transformação ou relações que vão além da simples relação profissional.

Essa perspectiva é que pode permitir a renovação do trabalho social. Com isso pode-se superar as visões gerais dos problemas, assim como a submissão ao pragmatismo imediatista e ao oportunismo paternalista.

As funções do Serviço Social não se fundam, portanto, numa, simples sociologia ou numa historiografia, mas numa análise das forças em presença no desenvolvimento global da sociedade.

## A ação profissional

Segundo Vera Rosa Holz[6] "a profissão Serviço Social nasceu recentemente, quando foi convertida em ramo científico". Para a autora, o profissional é aquele que aplica o método científico na sua atuação. Esta é uma visão de apenas um aspecto da ação profissional, pois o caráter científico ou não de uma atuação é também um processo histórico que se relaciona com outros tipos de determinação como o desenvolvimento das políticas no Estado capitalista, e das correlações de forças sociais.

A elaboração metodológica pode contribuir para a análise e sistematização lógica e crítica do método operacional, mas isso não significa seu congelamento em fórmula rígida e abstrata.

Assim, a discussão do problema metodológico não se pode isolar das considerações feitas sobre a complexidade social, as relações de poder e a situação dos atores profissionais na instituição. O quadro seguinte tenta mostrar essas relações:

---

6. Holz, Vera Rosa. *Introducción a la Investigación en Servicio Social Profesional*. Buenos Aires, Humanitas, 1967, p. 33.

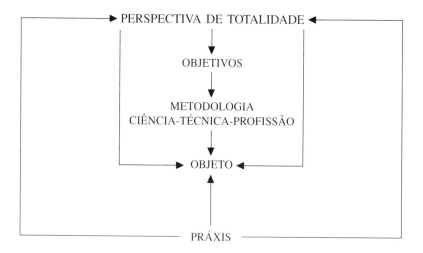

O trabalho social possui um ciclo operacional e não se contenta em ser somente descritivo, mas também prescritivo, ou seja, com previsão, controle e avaliação dos resultados.

No documento de Teresópolis discutem-se as etapas do método profissional identificadas como *diagnóstico e intervenção*. Outros profissionais ou analistas colocam como etapas metodológicas: o pré-diagnóstico, o diagnóstico, a programação, a execução e a avaliação, influenciados pelas fases do processo de planificação. Esse etapismo do trabalho social implica uma separação entre conhecimento de um lado, e ação de outro, construindo-se o método profissional de acordo com as próprias normas institucionais que separam a elaboração de programas da sua execução, não só teoricamente, mas numa divisão do trabalho. De um lado estão os que pensam e elaboram e de outro os que apenas executam.

Esse esquema positivista implica uma defasagem entre teoria e prática. Se é que se pode falar de uma teoria.

Mas essa divisão é apresentada como intrínseca e própria de uma lógica profissional e não como uma divisão *técnica e política* do trabalho social nas instituições.

Segundo esse enfoque, a constatação de variáveis-problema para o diagnóstico é para um melhor controle da ação, de acordo com os recursos mediante os quais se pretende resolver essa própria problemática, · ou seja, a intervenção.

Os aspectos quantitativos e qualitativos do diagnóstico apresentam-se de acordo com a lógica institucional de intervenção. Assim, a ação profissional vê-se configurada pela própria lógica institucional, e o diagnóstico transforma-se em critérios de elegibilidade e intervenção, em critérios de aplicação de recursos.

Sob o ponto de vista dialético, a ação profissional estabelece-se numa relação de forças em que os recursos e os problemas são vistos em termos de poder.

O descobrimento dessas relações implica a análise e a participação efetiva do profissional das forças sociais de transformação e a aliança com elas.

É necessário ter em conta, nessa análise, os interesses imediatos das classes trabalhadoras e seus interesses a longo prazo, as alianças com as forças existentes para avançar nestes processos teórico-práticos. A situação profissional não é só e exclusivamente a elaboração de critérios tecnocráticos, mas uma *estratégia* e uma *tática* de alianças e de elaborações teóricas.

Os instrumentos específicos determinados pelas instituições assumem um caráter de mediação para retomar as experiências numa perspectiva de modificação das relações da própria clientela com a instituição, e não só de maior subordinação daquela a esta.

Segundo Gaston Bachelard "os conceitos são a expressão de uma experiência objetiva e também uma conceituação ativa",[7] implicando raciocínios e análises políticas e estratégicas, levando-se em conta os conhecimentos já acumulados sobre o trabalho e as possibilidades de novas mediações.

O que se chama de diagnóstico não é uma tarefa isolada de coleta pura e simples de dados, mas de elaboração e de colocação de estratégias para uma modificação na relação de forças frente ao problema colocado.

Análises e estratégias assumem um caráter mais ou menos hipotético, justamente em função do desenvolvimento das forças em presença, pois a hipótese é um instrumento que permite sistematizar a realidade, pensar os dados recolhidos segundo um enfoque globalizador, compreendendo juízos problemáticos, unindo o conhecido com o novo.[8]

A análise da causalidade passa a ser feita a partir do contexto complexo contraditório e estruturado.

A análise estratégica, assim, não está separada da análise teórica, pois o conhecimento das forças envolve a modificação da sua relação. Uma clien-

---

7. Bachelard, G. *Essai sur ta Connaissance Approchée*. Paris, J. Vrin, 1968, p. 23.
8. Kopnin, P. V. *Hipótesis y verdad*. México, Grijalbo, 1969, passim.

tela subordinada frente a uma política assistencialista configura um tipo de relação para cuja análise se necessita de uma referência à estrutura de exploração e dominação. A transformação dessa relação paternalista controladora supõe uma nova relação de forças, para o que deve contribuir a sistematização de espaços e alternativas.

O diagnóstico é solidariamente construído a partir de hipóteses operacionais de trabalho, que se transformam em instrumentos de ação, sendo constantemente mudado segundo a mudança das forças, abrindo-se, com isso, novas perspectivas de atuação.

É na prática específica, mesmo de manipulação de recursos ou de gestão de comportamentos, numa relação de forças, que se deve ir gerando a reflexão teórica do trabalho social, se se quiser, realmente, comprometer-se com os interesses da classe dominada.

As contradições específicas de cada problema devem ser combinadas às contradições globais, que são resultados de um processo histórico, e que isso se reflita na análise e na estratégia. É somente a partir da reflexão sistemática que um objeto pode ser construído cientificamente.

## Os atores

É comum, na análise do Serviço Social, considerar somente os atores em presença e suas respectivas estratégias individuais. Esse tipo de consideração parte das intencionalidades de cada ator, que buscaria o máximo de vantagens ou o mínimo de incertezas nas suas relações.

Os profissionais seriam atores desinteressados, altruístas, na perspectiva funcionalista, ou simples executantes numa perspectiva de análise institucional.

Segundo esse tipo de análise, os atores seriam de certa forma independentes ao estabelecer suas táticas e estratégias de ação sem vinculação e determinação pela sua classe e pela própria dinâmica estrutural.

Por outro lado, há os que negam a existência mesma de atores independentes, de sujeitos, passando-se a considerar exclusivamente a estrutura e os lugares aí ocupados. Os atores nada mais seriam do que meros suportes dessa estrutura e os profissionais as criaturas do desenvolvimento das forças produtivas. Essas criaturas não teriam nenhuma autonomia, já que são simples excrescências do modo de produção.

Assim, há que combinar na análise e na ação as determinações estruturais e as possibilidades coletivas e individuais, pois a história se constrói

# METODOLOGIA E IDEOLOGIA DO TRABALHO SOCIAL

na luta determinada pelas contradições objetivas, mas aprofundadas pelas organizações, pelas mobilizações das forças sociais em suas respectivas estratégias e táticas.

Contradições objetivas, mobilizações de forças e confrontação estão intimamente relacionadas, pois se as contradições são independentes e determinantes das mobilizações, por sua vez elas podem ser superadas, intensificadas, escondidas por meio dessas mobilizações e organizações.

A presença constante da análise do cotidiano do trabalho social é que vai desvelar atores e contradições, contradições e atores, na dialética da transformação.[9]

---

[9]. A título de ilustração, e não de esquema rígido, o seguinte quadro dá uma idéia do processo de trabalho social, na perspectiva aqui analisada:

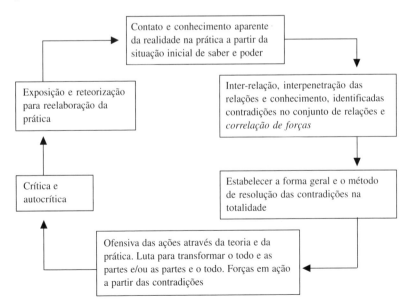

## Capítulo 7
# Problemática da conscientização

O termo "conscientização" é bastante amplo e controvertido. Mas aqui o utilizamos como se vem destacando ultimamente na ação pedagógica do trabalhador social e conotando fundamentalmente o processo de reflexão crítica na ação, na luta cotidiana pelas mudanças e transformações sociais.

Essa problemática vem preocupando, de forma destacada, os trabalhadores sociais desde o início de 1960, e principalmente a partir de 1963, quando alcançou grande repercussão o método de alfabetização de Paulo Freire, no Nordeste do Brasil.

A temática da conscientização aparece então em trabalhos teóricos e ações práticas e se tornou para alguns trabalhadores sociais o objetivo central da profissão.

Este capítulo não pretende realizar um estudo acabado do tema nem uma investigação ampla, mas apenas levantar a problemática da conscientização com o objetivo de encontrar um referencial comum entre trabalhadores sociais.

O pensamento de Paulo Freire sobre a conscientização foi-se desenvolvendo em profundidade e ampliação.[1] Nosso objetivo aqui não é fazer

---

1. Ver Freire, Paulo. *Educação como Prática da Liberdade*. Rio de Janeiro, Paz e Terra, 1967, e *Pedagogía del Oprimido*. Montevideo, Tierra Nueva, 1970.

Nessa década Paulo Freire continuou explicitando suas posições, levantando polêmicas, participando de inúmeros trabalhos. Ao que parece, a sua abordagem fundamental permanece a mesma: a libertação das classes dominadas processa-se por sua própria ação e reflexão a partir dos limites e possibilidades de seu cotidiano.

apresentação ou crítica ao método e concepção de Paulo Freire, mas retomar algumas de suas colocações fundamentais a partir da nossa prática e de estudos teóricos sobre ação e comunicação.

Este trabalho retoma a problemática da ação e da comunicação (*verbum et actio*) fundamentando a comunicação na ação e retomando a ação na comunicação, no processo de luta de classes. Esse tema não foi abordado especificamente por Paulo Freire, ainda que possa colocar sua metodologia no processo de luta de classes.

A problemática da conscientização é aqui estudada em relação à dialética entre ação, comunicação e luta de classes. Para isso é necessário um quadro teórico geral sobre a sociedade, o que pode ser encontrado nos capítulos anteriores deste estudo. Este capítulo objetiva situar a reflexão sobre a conscientização na América Latina, portanto no contexto dependente do capital estrangeiro.

O conceito de conscientização pode ser visto num sentido completamente idealista e liberal como foi definido por Fernando Bastos Ávila. Para ele "conscientização é despertar no homem o sentido da sua dignidade, desde que se faça isso com a disposição de colaborar com o homem e sua comunidade para criar as condições compatíveis com sua dignidade".[2]

Maria da Glória Nin Ferreira aceita essa definição e acredita que muitos usaram o movimento de conscientização para criar no povo o sentimento de frustração, "ingrediente indispensável para um potencial revolucionário que levaria ao socialismo".[3]

A mesma autora, a seguir, diz que a existência possui valor intrínseco e é em si mesma uma perfeição, para dizer que na prática o ser social do homem se manifesta numa coexistência.

Nessa concepção a conscientização passa a ter uma conotação ideológica idealista, pois considera perfeito aquilo que existe e a sociedade como uma coexistência.

A classe dominante encara o conceito de conscientização como uma ameaça, um perigo, justamente porque não lhe interessa a *tomada* de consciência, por parte das classes dominadas, de sua própria dominação.

E para denegrir o movimento de mudança social a conscientização é apresentada como fruto da frustração, produzida por elementos estranhos,

---

2. Ávila, Fernando Bastos. *Pequena Enciclopédia de Moral e Civismo.* MEC, 1967, in Ferreira, Maria da Glória Nin. *Conscientização* — Debates Sociais, n° 10, maio 1970, p. 23.
3. Ferreira, Maria da Glória Nin, op. cit., p. 23.

agitadores, e não como resultado de uma luta a partir de contradições objetivas, no processo de mudança dialética dentro do próprio capitalismo.

Em realidade pode-se dizer que não há uma conscientização neutra. Maria da Glória Nin Ferreira diz que a conscientização deve levar o homem a atuar "não em uma atitude de rebelião, mas de integração responsável nos destinos da comunidade".[4]

O sentido da conscientização, nessa perspectiva, passa a ser o da submissão, pois implica a aceitação dos destinos de uma comunidade sobre os quais o homem dominado não decide, nem dos quais participa.

Em vez de conscientização estamos frente à mistificação, ao fetichismo da ordem dominante.

A perspectiva na qual nos colocamos busca situar-se na luta de todos os trabalhadores por sua liberação, pela conquista de sua consciência de classe, e do poder político que lhes permita orientar toda a sociedade segundo o projeto que eles mesmos elaborem.

Nesse sentido, a atuação do trabalhador social não significa colocar-se como uma vanguarda conscientizadora das classes dominadas nem o porta-voz, nem sequer o orientador ou o teórico desse projeto de libertação. Significa apenas um compromisso com esse projeto, pois se sabe que é na constituição de um bloco histórico novo e hegemônico que se pode transformar as relações sociais.

A vinculação orgânica do trabalhador social com as classes subalternas dá-se num processo de alianças nos quais os limites e possibilidades de sua atuação se vão definindo histórica e praticamente em cada conjuntura.

Na prática social, nas lutas sociais, nos movimentos sociais, existe uma profunda relação entre as lutas ou os objetivos imediatos e os objetivos a longo prazo, como também um constante processo de consciência a partir da própria experiência pela comunicação entre os atores envolvidos no processo.

## Conscientização e ação

Paulo Freire insistiu, em todos os seus trabalhos, que o ponto de partida para a conscientização compreende dois aspectos fundamentais: a problematização e o diálogo.

---

4. Idem, op. cit., p. 27.

Para problematizar (por oposição a impor, a educação bancária) destaca o autor a necessidade de vincular a reflexão à ação para evitar-se o verbalismo (palavras sem ação) e o ativismo (ação sem reflexão).[5] Esses dois aspectos da conscientização interpenetram-se e se situam numa concepção mais ampla, a da ação libertadora, oposta à manipulação, à conquista, à invasão cultural, à divisão. Essa ação supõe a colaboração, a união, a organização, a síntese do intelectual com as classes subalternas.

Essa união, essa síntese, essa colaboração pode ser tomada como agitação e ameaça pelas classes dominantes e como um compromisso pelas classes dominadas. Para Paulo Freire, a colaboração com os dominados significa o estabelecimento de uma relação de compromisso entre educador e as massas oprimidas.

A perspectiva global, portanto, para enfocar a problematização e o diálogo, num movimento de conscientização, é a luta, a partir das contradições globais do sistema, por sua transformação. O ponto de partida teórico e prático para o movimento de conscientização é a própria realidade, a realidade concreta histórica como um todo, e que se manifesta nas particularidades de cada situação. Essa situação-limite é ponto de partida de uma temática muito ampla, e se torna geradora de um processo de mudança, de transformações pela organização e mobilização de forças na sua compreensão das relações estruturais que determinam as problemáticas das classes dominadas.

O processo de investigação — a ação toma-se instrumento da mudança e não uma finalidade em si mesmo, contribuindo para e no desenvolvimento das lutas e dos movimentos sociais.

A conscientização não se produz num movimento de idéias, mas se enraíza nas situações concretas, nas contradições, nas lutas cotidianas para superação dessas contradições.

Assim, o diálogo não é um meio de persuasão ou de orientação, uma estratégia de convencimento e manipulação, mas uma relação uma comunicação, um intercâmbio de mensagens a partir de situações específicas, de relações de poder e de uma visão geral do processo social.

As situações-limite são, na realidade, situações de dominação, em que o homem dominado não percebe as soluções viáveis e alternativas de mudança, mas representam seu mundo com base no mero reconhecimento imediato de sua prática. A ideologia dominante faz apelos à aceitação dessa situação, de seu destino, e das "soluções" que se colocam dentro do próprio

---

5. Freire, Paulo. *Pedagogia del Oprimido*. Montevideo, Tierra Nueva, 1970, p. 103.

esquema de dominação, como sendo as melhores possíveis para as próprias classes dominadas.

Em realidade, não existe separação entre existência e consciência. É o eu corpóreo do homem, como diz Ernani Fiori,[6] que está presente no mundo, numa totalidade. Essa existência como totalidade é assim consciência e, portanto, relação.

As descobertas da existência como relação não só interindividual, mas de classe, de interesses, de adversários, de sociedades alternativas implica um processo que não é linear mas de luta, de avanço e de recuo, de organização e mobilização.

A realidade concreta torna-se um permanente desafio a um movimento de libertação, e as determinações dessa realidade contraditória tornam-se pensadas à medida que se desenvolvem os próprios movimentos sociais.

As contradições globais de que partem esses movimentos é um processo dialético e que depende da correlação de forças historicamente em presença. Esse conjunto de ações e relações é a prática. As formas de dominação ideológica mostram a cultura como atividades de caráter subjetivo de indivíduos isolados que se chamam poetas, pintores, generais, governantes. São tirados do contexto mesmo onde se produzem as idéias e as manifestações das relações sociais de produção e dominação.

O processo de produção da conscientização vincula-se ao processo de produção material.

O trabalho, como prática produtiva, produz não só mercadorias, mas também a força de trabalho e, em determinadas relações em que se constitui, o conjunto de representações que o próprio trabalhador tem do mundo.

O trabalho produtivo não só condiciona a representação do mundo, mas os tipos distintos de trabalho. Ao mesmo tempo, essas representações interferem no processo de trabalho, pela sua aceitação ou rejeição.

Há permanente dialética na produção do objeto, de si mesmo, e das representações do mundo. Não se trata de uma relação ingênua e mecânica entre infra-estrutura e superestrutura. Essa metáfora contribui, muitas vezes, para separar aspectos que são profundamente relacionados. É no domínio da consciência, das idéias, que o homem se dá conta da sua própria dominação, para ao mesmo tempo poder mudá-las, transformá-las.

---

6. Fiori, Ernani Maria. *Educación y Conscientización*. Valparaíso, DAS, Universidad de Chile, ed. mimeografada.

As práticas de lutas econômica, política e ideológica interdependem entre si, mas são determinadas fundamentalmente pela produção material da própria existência.

O sujeito que produz subjetiva os objetos produzidos, põe sua força de trabalho e sua personalidade. Esse objeto, uma vez produzido, torna-se fonte de dominação, apropriado que é pelo dono dos meios de produção. Assim, a venda da força de trabalho é um processo constante de separação. Não é só no domínio do trabalho que se dá essa separação. Na vida cotidiana os meios de comunicação de massa impõem formas, maneiras de encarar a vida e seu próprio trabalho, de acordo com os padrões das classes dominantes e fazendo crer aos indivíduos que sua pobreza é fruto do seu próprio fracasso.

No entanto, o proletário possui unicamente sua força de trabalho, enquanto as classes dominantes têm e concentram a propriedade privada dos meios de produção material e intelectual.

A cultura e a sociedade são produtos da história, das relações sociais, do intercâmbio de classes, não preexistem eternamente e nem na cabeça dos indivíduos.

A transformação da sua cultura e da sociedade é um processo, uma prática. Ela pressupõe a mudança das relações sociais. É um processo de luta, crítica, transformação, destruição e construção.

Nesse processo, as mudanças são protagonizadas por forças sociais mais ou menos amplas e organizadas, a partir das contradições inerentes ao desenvolvimento das forças produtivas e das situações em que se encontram as massas oprimidas e dominadas.

Essas massas têm suas próprias organizações, suas vanguardas, que se manifestam segundo as conjunturas históricas, dependendo de suas alianças, suas mobilizações, suas estratégias, a partir da ação dos próprios explorados e dominados.

A libertação não é uma questão puramente econômica. Reduzi-la a isso significa ver a luta como um processo mecânico. As lutas políticas, ideológicas e econômicas dão-se numa prática globalizadora, mas que pode então ser analisada, retomada e também impulsionada para provocar efeitos num sentido ou noutro, de acordo com as estratégias estabelecidas.

As práticas de luta econômica originam-se a partir dos próprios interesses antagônicos da sociedade, a partir de interesses imediatos e opostos entre os detentores dos meios de produção e os donos da força de trabalho.

Essa divisão configura as duas classes fundamentais da sociedade, mas de forma bastante abstrata, como remarca Theotônio dos Santos.

As classes sociais, *concretamente situadas* numa formação social, não se limitam exclusivamente a essas classes fundamentais, podendo os movimentos sociais abarcarem outras çlasses, de forma pluriclassista que, tendencialmente, convergem ou divergem dessas classes. Os estudos das classes sociais, da classe social da clientela, com o qual trabalha o serviço social, é tarefa fundamental do processo de conscientização. As contradições concretas que dividem a população-alvo das políticas sociais são determinadas, fundamentalmente, pela dinâmica das classes sociais.

A tomada de consciência dessas classes e de suas forças não se circunscreve a uma psicologia de classe, à descrição de sentimentos, emoções e motivações de personalidade dos indivíduos que compõem determinada classe. Mas na compreensão das relações sociais e de sua riqueza, em que os dados de personalidade podem ser analisados.

Diz Marx que "na produção social de sua existência os homens contraem determinadas relações necessárias e independentes de sua vontade, relações de produção, que correspondem a determinada fase de desenvolvimento de suas forças produtivas materiais". O conjunto destas relações de produção forma a estrutura econômica da sociedade, a base real sobre a qual se levanta a superestrutura jurídica e política e à qual corresponde determinada forma de consciência social. O modo de produção da vida material condiciona o processo da vida social, política e espiritual em geral. Não é a consciência do homem a que determina seu ser, mas pelo contrário seu ser social é que determina sua consciência."[7]

As contradições existentes no desenvolvimento das forças produtivas e das relações de produção são assim elementos *fundamentais* (a condição da possibilidade) do processo de conscientização, pois é a partir do lugar em que se situam os indivíduos, grupos e classes, nesse processo, que se pode entender e dinamizar o próprio movimento de compreensão das situações concretas.

## Comunicação e conscientização

Na luta por sua libertação, surgem distintas frentes para os movimentos sociais, de acordo com as condições concretas, as correlações de forças e sua luta pela hegemonia. É necessário situar o trabalho de comunicação e conscientização dentro do conceito de hegemonia. Hegemonia significa em primeiro lugar a conquista do consenso das classes dominadas pela capaci-

---

7. Marx, K. e Engels, F. *La Ideología Alemana*. Montevideo, Pueblos Unidos, 1968, p. 32.

dade de direção das classes dominantes. Significa também a capacidade que a classe operária tem de conquistar as consciências de seus aliados na formação de um novo bloco histórico.

Dessa forma, o conceito de hegemonia releva principalmente o que se pode chamar de *consenso*, persuasão, por oposição a coação, violência, força, imposição.[8]

A idéia do consenso, principalmente a desenvolvida por Gramsci, leva a considerar uma nova estratégia nas sociedades ocidentais em que os aparelhos do estado tentam ou buscam obter a legitimação das classes dominantes, de seu poder, pelo convencimento. Por aparelhos de estado entendemos não só as instituições próprias do poder político, mas também as instituições privadas, o que poderia ser melhor denominado aparelhos de hegemonia. Mas não queremos isolar ou separar rigidamente estado e sociedade civil. O desenvolvimento das organizações próprias da sociedade civil, como a imprensa, a igreja, certas instituições escolares, a família, vinculam-se, ligam-se profundamente às condições determinadas pelo próprio poder político. Assim, a própria concessão de franquias, de liberdade por parte do poder político é que pode permitir ou frear o desenvolvimento de organizações mais tipicamente privadas da sociedade civil. Quem não se lembra do período de censura à imprensa, de controle da informação, de perseguição aos jornalistas? Assim, a organização da sociedade civil não se separa do enquadramento político que lhe é dado pela sociedade política. E a sociedade política modifica-se pelas pressões da sociedade civil. As formas de se obter o consenso concretizam-se nos meios de comunicação de massa e nos outros diversos aparelhos de hegemonia.

As classes dominantes controlam os aparelhos de informação. Sabemos que, na América Latina, o imperialismo dos países dominantes determina um fluxo de informação unidirecional, segundo o qual a maioria das informações recebidas ou transmitidas na América Latina provém das agências de informação internacional. Esse fluxo de informação mostra uma forma *centralizadora* e *vertical*, da própria comunicação.

Para a classe dominante, a comunicação realiza-se de cima para baixo por intermédio desses aparelhos, levando ou buscando a persuasão das

---

8. Para o estudo do conceito de hegemonia ver, entre outros: Gruppi, Luciano. *O conceito de hegemonia em Gramsci*. Rio de Janeiro, Graal, 1980. Anderson, Perry. *Sur Gramsci*. Paris, Maspero, 1978. Portelli, Hugues. *Gramsci e o Bloco Histórico*. Rio de Janeiro, Paz e Terra, 1977. Diz Gramsci: "a realização de um aparelho hegemônico, à medida que cria um novo campo ideológico, determina uma reforma das consciências e dos modos de conhecimento, é um fator de conhecimento, um fator filosófico", in *Introdução à Filosofia da Praxis*, Lisboa, Antídoto, 1978, p. 71.

classes dominadas. A centralização, a verticalidade da informação e da comunicação, no entanto, não aparece claramente às classes dominadas.

Essa verticalidade e essa manipulação realizam-se, nas sociedades ocidentais, de forma sutil, por meio de milhares de aparelhos e principalmente mediante a crença de que a própria população *participa, autogoverna-se* e elabora sua própria informação.

Essa forma de apresentar, de aparecer, de se mostrar vinculada aos interesses, às preocupações cotidianas das classes dominadas realiza-se principalmente levando em conta certos problemas cotidianos, preocupações, dificuldades dessa mesma população. O rádio e a televisão retomam e levam em conta essas pequenas dificuldades, como casos isolados independentes da estrutura.

Além do mais, a aparente liberdade de *contar* esses fatos da a idéia de que há participação na sua própria provocação. Assim, à burguesia, interessa desarmar espiritualmente o povo, dominar a consciência dos homens, como diz Fidel Castro.[9] A relação entre os homens aparece como uma relação independente das relações estruturais. O fato isolado, o acontecimento específico, é tirado do seu contexto. e mostrado como um fato dependente das atuações de atores individuais.

Ao inverso desse modelo de consenso um novo processo de comunicação pode ser engendrado, a partir de um relacionamento participativo, de baixo para cima, descentralizado. A população pode construir seus meios, seus instrumentos, seus códigos de comunicação. Quem não conhece as experiências de grupos populares organizados, como o próprio cangaço no Nordeste, que constroem toda uma codificação para justamente ludibriar o inimigo! Por exemplo, Lampião exigia que seus correligionários caminhassem de costas, dando, a impressão de que estavam caminhando para a frente, enganando assim a busca das forças governamentais. Os choferes de caminhão têm todo um código de comunicação. A cultura burguesa tenta elaborar códigos que mostrem seu modo de vida como universal, como único possível, como meta e mito de uma ascensão social. É o que aparece nas novelas, em que há pouco espaço para mostrar verdadeiramente os conflitos sociais, mas nas quais aparecem, abundantemente, os conflitos pessoais da própria burguesia, conflitos baseados no engano, na mentira, nas decepções e frustrações de uma sociedade baseada no consumo, na competição e na corrupção.

---

9. Castro, Fidel. "Discurso en el Mitin del Estadio Nacional". *Punto Final*, n° 7 146, dez. 1971, p. 44.

O processo de comunicação a partir de mecanismos institucionais ou não, pelos quais se possa abrir espaço à expressão popular, à elaboração e a escrita de documentos (por exemplo, cartas), que reflitam mais diretamente a prática do homem dominado e espaços a um novo tipo de consenso, pela *sistematização* das experiências e *intercâmbio* entre os próprios dominados. As alianças edificam-se na comunicação em luta.

A experiência transforma-se em consciência no processo de mobilização, debate, confronto, mediado pela comunicação.

A comunicação possibilita um "distanciamento" do engajamento imediato, pela sua representação, sua sistematização, o estabelecimento de nexos e visão de sua complexidade. O plano específico da ação passa a ser situado na sua generalidade.

Essa generalidade não é confundida com a "palavra de ordem" geral, para todos, nem com *slogans* ou simplificações teóricas.

A generalização é reflexão, intercâmbio de lutas, experiências, vivências do cotidiano.

O próprio trabalho institucional é um dos meios para tornar oportuna essa reflexão, esse intercâmbio gerador. Um tema não pode ser gerador de conscientização, em si mesmo, como deixam entender certas expressões de Paulo Freire. A "geração" da conscientização dá-se no processo de mobilização, de organização, de reflexão, que se produzem na *relação* entre atores e forças nas condições concretas em que se encontrem.

Nessas condições concretas é que se devem viabilizar formas de ação-comunicação no sentido da transformação.

Numa experiência de alfabetização em uma indústria um operário pediu que se escrevesse: "A máquina serve para trabalhar". Então lhe perguntamos para que servia o homem. Ele disse para trabalhar. Perguntamos sobre a diferença entre trabalho humano e o trabalho da máquina e ele disse que a máquina valia mais que o homem. O capitalista dava mais dinheiro, para a máquina que para o homem. Continuamos o diálogo e a problematização para descobrir as relações entre o valor da máquina e o valor do trabalho.

Na própria expressão popular o homem sentia-se menos que a máquina, *sabendo*, no entanto, que ele era quem fazia a máquina, porque sua expressão refletia a cultura, o consenso, a hegemonia da classe dominante que o desvalorizava, mostrando-o inútil. Ele incorporava esse valor vendo as suas relações com os homens mascaradas pela relação entre as próprias coisas.

No processo de comunicação, de intercâmbio, é possível ir descobrindo vários planos de análise, de denotação e conotação de uma mesma realidade. A realidade, de certa forma nivela-se num grande código cultural. Com esse código cultural o homem capta, representa, reconhece sua realidade, sua prática diária, mas não a conhece como assinala Del Villar.[10]

As coisas apresentam-se às classes subalternas, a suas relações, a sua própria rede de relações, como decepções, parcialidades, falhas. A *força* do consenso e das próprias instituições criadas pela burguesia fazem crer à população que ela age independentemente (com isso não negamos o papel que têm os atores individuais na realização histórica).

As mensagens produzidas pela classe dominante estão assim situadas num conjunto cultural, são parte do processo de hegemonia Mas a própria prática da classe dominada, suas organizações, suas lutas, e novos processos de comunicação vão permitindo decodificar esses signos.

O signo é um indício, um sinal de comunicação, mas necessita e tem como suporte a prática comum, a realidade comum. Os signos que representam coisas podem ser icônicos ou arbitrários. Os signos icônicos são aqueles que, de certa forma, refletem a coisa como uma pintura, uma gravação. "De certa forma", porque a coisa é sempre refletida em um marco cultural, como a própria fotografia, que nunca traduz exatamente a realidade e a traduz dentro de uma forma específica, histórica.

Os signos arbitrários são aqueles que designam determinadas coisas sem uma vinculação direta entre o signo e a coisa. Eles se colocam num contexto mais amplo e têm regras mais ou menos rígidas. Esse conjunto de regras, como a própria língua, confirma, configura o código. O código pode ser inconsciente, como assinalam os estruturalistas.

No processo de comunicação, o próprio código *obriga* a dizer e a não dizer certas coisas, como diz Barthes. Segundo esse autor o código é poder. A "linguagem é uma legislação, a língua é seu código. Nós não vemos o poder que está na língua porque nós esquecemos que toda língua é uma classificação, e que toda classificação é opressiva: Órgão quer dizer ao mesmo tempo repartição e combinação".[11] Continua ainda o autor dizendo que "a língua como performance de toda linguagem não é nem reacionária nem progressista, ela é bem simplesmente: fascista; porque o fascismo não é impedir de dizer, mas obrigar a dizer". Assim o código não é um instrumento neutral. O código é construído numa relação de força.

---

10. Del Villar, Rafael. "La concepción estructuralista marxista de los mensajes". *Cuaderno* n° 3, Instituto de Ciencias Sociales. Universidad Católica de Valparaiso, 1971, p. 15.

11. Barthes, R. *Leçon*. Paris. Editions du Seuil, 1978, p. 14.

Uma mensagem que se transmita implica a utilização de signos e códigos. A mensagem "coca-cola lhe dá alegria" ou "tudo vai melhor com coca-cola" seleciona determinados signos. "Tudo" *generaliza* todas as coisas e "melhor" se coloca em oposição a *mau*. Apresenta-se a garrafa de coca-cola molhada, num céu azul, num dia de sol, produzindo-se a sensação de alegria e o estímulo ao paladar. Essa seleção e combinação de signos mostra uma solução *perfeita* para a sede e para a infelicidade. Mas essa denotação, por sua vez, esconde a realidade de miséria, de sofrimento e de exploração que é necessária para produzir e comprar a própria coca-cola.

Esse processo que vai e volta dos signos aparentes às estruturas latentes, da mensagem à ideologia, chama-se decodificação.

A decodificação implica, portanto, a crítica, a partir da práxis cotidiana, da ideologia e do código dominante.

É por meio dessa práxis que a própria *realidade* aflora, que os nexos são estabelecidos entre acontecimentos e estruturas, que se descobre que há desigualdade na própria informação. A ordem natural das coisas não é mais apresentada como natureza estática, mas como transformação e estrutura históricas.

A própria organização das classes subalternas favorece, condiciona a comunicação. Nas organizações de base, em que os próprios trabalhadores intercambiam informações, em que novas informações são trazidas, em que os códigos são revelados, a comunicação é diferente daquele tipo vertical que existe em muitos grupos, em que os dirigentes vêem as bases como massas de manobra para estabelecer ou fazer negociações com os poderes dominantes.

Fazer das organizações de base massas de manobra é repetir o processo de comunicação dominante, do poder, e impedir o desenvolvimento das forças dominadas.

A comunicação, portanto, é uma *rede de relações* e *um intercâmbio de mensagens*. Não se pode separar esse intercâmbio de mensagens da rede de relações. Ela é uma prática de produção de informação, de intercâmbio, que se situa na rede de relações. A estrutura relacional da comunicação depende não só dos signos, mas do poder, pois os signos e o poder levam à considerar o saber como vinculado a forças, a relações de poder.

O processo de comunicação da classe dominante objetiva tornar os receptores passivos para estimular a adoção de determinados comportamentos que são considerados desejados principalmente para consumo de produtos, idéias, pessoas.

O *marketing* social é o instrumento, o meio moderno utilizado pelas instituições para se fazerem aceitar e levar suas causas às classes dominadas.[12]

As idéias sociais são vendidas como mercadorias, são colocadas no mercado da aceitação. Há anos Wiebe fez a pergunta: "Por que não se pode vender fraternidade como se vende sabão?" A questão da hegemonia tornou-se já "sistematizada" por meio do *marketing* social, para provocar mudanças cognitivas, de comportamentos, de ação, de valores, nas classes subalternas. A estratégia do *marketing* busca utilizar-se do conhecimento do meio, das agências, dos tipos de produtos de promoção, de práticas de preços, de canais, para atingir os alvos consumidores. A população é explorada e subordinada na produção e no consumo.

Os discursos, os programas estatais, são assim "vendidos" para a classe dominada e vendidos às classes dominantes.

Por sua vez, a realidade operária, seus discursos, sua visão do mundo é ridicularizada ou caricaturada, dando-se a sensação de que elas é que estão fora da realidade. Que novas formas de comunicação e de informação nasçam para superar essa situação a partir das possibilidades existentes nas próprias instituições. É fundamental que na comunicação profissional o próprio *cliente*, se podemos usar essa expressão, o usuário, o comunitário redescubra seu papel protagônico, transformador da sua classe, da sua categoria das suas organizações.

Para isso é necessário que o processo de comunicação contribua para que as decisões se tomem na base.

A partir dos interesses, dos problemas, das experiências concretas é possível ir incorporando novos códigos, novas linguagens e utopias no processo de negação da sociedade existente.

A denúncia, a crítica, a criação de meios alternativos são alguns dos muitos instrumentos desse processo,

As formas de dominação não estão fora do próprio processo de relação entre o profissional e a clientela. A partir daí já é possível considerar formas de denúncia, tornando-se a relação uma mediação para retomar a crítica.

---

12. Kotler, Philip. *Marketing para Organizações que não visam lucro*. São Paulo, Atlas, 1978. O autor coloca claramente que "o *marketing* social é o projeto, a implementação e o controle de programas que procuram aumentar a aceitação de uma idéia ou prática social num grupo-alvo" (p. 288).

A imediatez destas relações pelas quais o cliente, o usuário ou o comunitário vêm buscar o recurso, muitas vezes, dificulta novas mediações críticas, mas não as impossibilita.

A própria linguagem, os meios utilizados pelo povo podem tornar-se instrumentos de "descolamento" de uma realidade amarrada e escondida na imediatez da angústia, de uma visão mistificada da realidade.

É necessário, portanto, a imaginação, a estratégia, para ludibriar e contornar o controle institucional para que a comunicação seja utilizada como conscientização.

As instituições não descartam a própria repressão como meio de frear a tomada de consciência da população.

Na relação institucional o que se busca é fazer o cliente calar e aceitar. Ou obrigá-lo a falar o que é permitido, a falar o que é perguntado, a falar o que está previsto no código. Ele é obrigado a dizer que tem o problema para receber o recurso.

A criatividade desenvolve-se no sentido contrário, fazendo-se aflorar, pela comunicação, as relações mais profundas, vinculadas à estrutura, à classe, à própria realidade específica. A comunicação torna-se meio de negação e de ação. Ela pode abrir caminhos alternativos à mobilização.

## A ação política

A comunicação, a discussão, o debate, a crítica desenvolvem-se na mobilização, na organização política.

Parece que o povo não está organizado. No entanto as escolas de samba, os centros de macumba, as igrejas, as associações mostram que há organizações, que há mobilizações. No entanto, estão voltadas, direcionadas para elementos estranhos à própria classe ou divididas em conflitos internos, sem que haja possibilidade de uma mobilização mais ampla.

Com a intervenção do Estado na vida cotidiana, nos setores de habitação, recreação, transportes mudam completamente as relações das classes dominadas com o poder político.

A própria existência da cidade, da urbanização, da reprodução da força de trabalho implicam esta intervenção política.

Os monopólios invadem não só o domínio da produção de bens duráveis, mas da produção da vida cotidiana açambarcando a produção de remédios, de casas, de transportes, de roupas.

O estado, por sua vez, necessita do capital monopolista para sustentar-se e ao mesmo tempo favorece sua expansão e sua penetração na vida cotidiana.

Novas condições vão sendo dadas, vão-se criando historicamente para a participação, a mobilização e a organização popular. Essas manifestações são ao mesmo tempo fins e meio da transformação.

A reorganização global, a participação efetiva das bases vão-se realizando à medida que há uma intervenção mais ou menos direta do Estado.

A própria intervenção institucional vai implicar, ao mesmo tempo, uma organização. Um curso de corte e costura, por mais simples que seja, implica uma mobilização e mesmo uma organização. Evidentemente essa intervenção estatal visa a divisão e/ou esfacelamento de uma organização poderosa das classes dominadas.

Nesse sentido, a *partir da própria atuação institucional*, é necessário ir vendo o processo de organização e mobilização vinculado a uma perspectiva globalizadora de luta.

Para que se tenha essa perspectiva global, é necessário, ao mesmo tempo, vinculação entre teoria e prática ou, como se diz no jargão leninista, a união do socialismo e do movimento operário.

Esse movimento não só depende de condições específicas do desenvolvimento das forças produtivas, da industrialização, mas também de organizações de luta, como sindicatos, partidos e movimentos.

Esses movimentos passam por períodos de avanços ou de recuos, de elevação ou de declínio, segundo as conjunturas e as estratégias determinadas.

A estratégia dos grupos populares que lutam por objetivos de melhoria de suas condições de vida cotidiana, e que fazem parte da classe operária, não pode isolar-se do movimento global da sociedade civil, das classes dominadas para modificação da correlação de forças.

Se a conjuntura é favorável à mobilização popular e ao avanço das lutas, a estratégia pode ser ofensiva. Mas se o momento se apresenta desfavorável, aí considerando a repressão, a estratégia é mais defensiva.

A análise das relações de forças das classes fundamentais da sociedade é crucial então para determinar a vinculação e a contribuição que se possa dar, a partir dos limites profissionais, ao avanço das lutas políticas.

Os grupos populares enfrentam-se com um adversário de nível superior que é o próprio estado. Não se trata de forças iguais, visto que o Estado dispõe do poder de coerção. Muitas vezes os grupos populares são confinados a uma estratégia defensiva. Apesar de os problemas, a problemática das lutas populares serem enquadradas pelo Estado, as forças populares podem manter um *ritmo* de luta, *formas* de luta que levem surpresa e provoquem desgaste no adversário, pela sua tenacidade, pela sua flexibilidade, pelo seu caráter inesperado. A máquina pesada da burocracia pode então se ver desestruturada, em arte, por essas lutas e mesmo ser levada a fazer certas concessões não só às reivindicações imediatas dos grupos populares, mas à sua participação na decisão do seu destino.

Esse deve ser o objetivo estratégico do trabalho social: a participação decisional da população no seu próprio destino, a partir de táticas em que essa participação se vá tornando efetiva nas relações de atribuição, de distribuição de recursos muitas vezes limitados.

O processo de comunicação, de conscientização, de gestão de recursos e comportamentos só se modificará à medida que se for vinculando às lutas políticas mais amplas, aos interesses de longo alcance das massas.

Essa vinculação deve-se fazer estratégica e taticamente adequada às condições específicas de cada trabalho.

O trabalho social não é uma vanguarda das classes dominadas, mas só se transformará à medida que se vincular a suas lutas. O trabalho social é uma atividade *tática*, de suporte, de contribuição aos movimentos populares.

A própria sociedade, as modificações nas relações entre a sociedade civil e a sociedade política vão determinando também modificações nas formas de trabalho social.

É preciso que trabalho social se dê conta dessa realidade em transformação, das lutas globais, dos movimentos da sociedade civil para adequar seus próprios cursos de corte e costura, de profissionalização, e suas ações comunitárias a essas formas que se desenvolvem na própria sociedade civil e independentemente do trabalho social.

O que é importante fazer é justamente essa vinculação, essa relação dentro das possibilidades existentes e as estratégias determinadas.

## Capítulo 8

# Reconceituação: ação política e teoria dialética

## Reconceituação e contemporaneidade no serviço social

Esse capítulo, redigido especialmente para a edição brasileira de *Trabajo Social, Ideología y Método*, pretende retomar a análise do movimento de reconceituação do Serviço Social na América Latina, a partir de algumas contribuições significativas, levando em conta também outras contribuições americanas e canadenses. Já em terceira edição em espanhol, esse livro, nos últimos dez anos, marcou o movimento, tendo sido objeto de estudo de várias teses de mestrado,[1] em várias escolas de Serviço Social do continente.

Com efeito, esse livro surgiu não de uma crítica teórica ao Serviço Social tradicional, mas de um movimento de transformação da realidade latino-americana e em especial da realidade chilena.

Quando chegamos (agosto de 1970) à Escola de Serviço Social da Universidade Católica de Valparaíso, os alunos já estavam em greve há mais de três meses, exigindo uma renovação do corpo docente e uma reestruturação completa do curso de Serviço Social.

Esse movimento estudantil vinculava-se a um movimento político global no qual se enfrentavam as forças de esquerda, agrupadas na Unidade

---

1. Ver, por exemplo, Lopes, Josefa Batista. *Objeto e Especificidade do Serviço Social*. São Paulo, Cortez, 1980 e Macêdo, Myrtes de Aguiar. *Proposições Diagnósticas no Quadro da Reconceptualização do Serviço Social*. Dissertação de Mestrado. PUC, Rio de Janeiro, 1977. Alba Ramalho atualmente faz um sério estudo de reconceituação na PUC do Rio de Janeiro.

Popular (PS-PC-MAPU), com as organizações de direita (PN) e a Democracia Cristã (DC) pelo controle do poder no país e na Universidade.

A tarefa da comissão reorganizadora da Escola de Serviço Social (da qual fizemos parte) caracterizou-se desde o início como uma ação política. Com o apoio da maioria dos docentes e dos estudantes, elaboramos um projeto de reformulação total da carreira de Serviço Social e que foi apresentado no Congresso de Ambato (julho de 1971) juntamente com o projeto da Escola de Manizales, influenciada pelo método psicogenérico de Piaget e dos irmãos Zabala.

Nosso objetivo não era construir teorias, mas transformar as práticas do Serviço Social, iniciando, impulsionando novas práticas a partir dos estágios, e das instituições num novo dimensionamento teórico-prático.

Não estávamos isolados das instituições, pois todos os estágios se realizavam em indústrias, institutos de reforma agrária, sindicatos, centro sociais urbanos, num novo contexto social e política em que as forças populares dos operários, camponeses e movimentos urbanos estavam em fase de ascensão. Os operários lutavam pela nacionalização das indústrias e pela participação nas decisões. Os camponeses colocavam a reforma agrária no centro das suas preocupações, realizando inúmeras ocupações de terras, e os movimentos sociais urbanos manifestavam-se pela busca de alternativas para os problemas de habitação (ocupações de lotes), de transporte, de abastecimento (criação de juntas de abastecimento e preços).

A luta de classes no Chile polarizou toda a sociedade civil e as massas populares já discutiam na rua a questão do poder popular, pelo controle da produção e da distribuição, da escola, da organização popular. A questão do poder não era objeto de teses de mestrado ou de doutorado, mas uma questão de estratégia na qual estava engajada toda a sociedade.

A Escola de Serviço Social da Universidade Católica de Valparaíso passou a organizar o ensino do Serviço Social numa nova *dinâmica* de alianças com as forças de transformação Social, dentro do projeto popular de construção de uma sociedade socialista. Isso exigia um COMPROMISSO com as classes dominadas nesse processo de luta pela transformação social.

Nesse sentido a palavra "liberação", que aparece em alguns trechos deste livro não é um conceito filosófico abstrato, mas um processo político de aliança, de formação de uma organicidade entre o intelectual e o novo bloco histórico que se definia.

É a partir desse contexto que pretendemos ressaltar algumas características do processo de reconceituação do Serviço Social que para nós, realmente, representa um corte, uma ruptura com o Serviço Social paternalista ou meramente desenvolvimentista.

O primeiro, atrelado às lideranças religiosas, à pequena burguesia tradicional, nada mais fazia senão organizar a filantropia das classes dominantes na distribuição de favores. Ele combinava diferentes formas de troca de proteção e auxílio por parte da classe dominante, por lealdade, submissão e trabalho gratuito por parte das classes subalternas.

O segundo buscava implementar inovações e contribuir para a introdução de novas tecnologias nos meios populares, para melhorar a produção ou a produtividade de setores considerados tradicionais.

Assim participava do planejamento local, regional e nacional para *modernizar* a sociedade (novas casas, novas escolas, novos equipamentos), pela implementação de novas tecnologias no campo, de novos cursos de capacitação, de corte e costura e pela articulação do consenso entre os distintos setores e lideranças. Essa modernização consensual buscava troca de serviços coletivos e bens de consumo pela obtenção da paz social e da produtividade.

Nessa forma desenvolvimentista alguns setores do Serviço Social foram obrigados a prestar serviços de informação, orientação, organização, tramitação (consenso), capacitação, formação, coordenação (produtividade).

Essa transição não foi linear nem automática, mas desigualmente articulada, com os processos globais de transformação capitalista.

O questionamento social, político, os movimentos sociais e as novas exigências da acumulação do capital, a partir do pós-guerra, foram colocando o Serviço Social como profissão numa posição de a-contemporaneidade com o seu tempo, prestando favores, em vez de serviço, na base do consenso religioso da colaboração de classes.

Já nos idos dos anos trinta, quando surgiu como carreira profissional, na América Latina, o Serviço Social se estruturou tendo como base um modelo consensual de sociedade cristã, mas que já entrava em crise com o declínio da própria oligarquia agroexportadora que sustentava essa concepção do mundo.

Conservando a mensagem moralizadora da oligarquia para o controle social das classes dominadas o Serviço Social surgia sob o signo de não ser contemporâneo de seu tempo. Já se desenvolvia a industrialização e um novo pacto social que levaria a uma hegemonia burguesa e a outros tipos de controle social exigido pela produção industrial.

A moralidade e a boa conduta, como objetos da ação profissional, fundamentavam-se na ideologia do bom relacionamento entre as classes,[2] edulcorada pela concepção cristã do mundo.

Nessa mesma época, industriais e certos elementos vinculados às classes médias propugnavam pelo "capital humano", pela valorização do homem, voltando-se mais a uma política do "corpo humano", dos "recursos humanos" do que para uma política de moralidade.

A indústria precisava de corpos robustos, de braços adestrados, de mãos habilidosas, para manejar seu equipamento.

Alceu Amoroso Lima, membro do Centro de Fiação e Tecelagem do Algodão, diretor da Companhia de Fiação e Tecidos Cometa, líder católico e membro ou fundador da Associação mantenedora de várias escolas de Serviço Social, afirma que a Igreja deve espiritualizar as relações de classe na cooperação mútua entre patrões e operários.[3]

O Serviço Social brasileiro nasce sob a égide do movimento católico e corporativista, para a edificação moral do proletariado. O Serviço Social mantinha-se centrado na moralidade, no esforço individual, no bom relacionamento. Para o padre Biesteck: "Coisas dão conforto, prazer, satisfação, mas por si próprias não dão felicidade. Elas podem contribuir indiretamente para isso quando promoverem relacionamentos interpessoais satisfatórios... E a recíproca também é verdadeira: relacionamentos pobres são a principal, possivelmente, a única fonte de verdadeira infelicidade".[4]

Quando o Estado, no pós-guerra, promove a modernização, a inovação por meio do planejamento, os assistentes sociais levaram para o campo de trabalho a idéia do bom relacionamento entre os distintos líderes e grupos, pois o Desenvolvimento Comunitário era visto como um processo mediante o qual "os esforços do próprio povo se uniam ao das autoridades governamentais, com o fim de melhorar as condições econômicas, sociais e

---

2. Por exemplo, no Brasil, Augusto de Lima, deputado federal, representante da oligarquia mineira, afirmava que a "estabilidade industrial do país dependia da manutenção da disciplina nos estabelecimentos", sendo contra a legislação social, pois os problemas sociais podiam ser resolvidos pela assistência e pela cooperação, considerando as greves como obra dos desordeiros". Documentos Parlamentares, Legislação Social, Rio de Janeiro, 1919-1922, v. I, p. 391 a 398.

3. Ver Gomes, Angela Maria de Castro. *Burguesia e Trabalho*. Rio de Janeiro, Campus, 1979, p. 64; Carvalho, Raul de. "Modernos Agentes da Justiça e da Caridade", in *Serviço Social e Sociedade*, ano I, v. 2, Cortez, março de 1980, p. 43-71.

4. Biesteck, Felix. *O Relacionamento em Serviço Social de Casos*. Porto Alegre, PUC, 1965, p. 5.

culturais das comunidades, integrar essas comunidades na vida nacional e capacitá-las a contribuir plenamente para o progresso do país".[5]

Essa forma de conceber o Serviço Social constitui um paradigma específico de atuação, que a seguir exporemos em detalhe, e que denominaremos o paradigma das relações interpessoais.[6]

Nos anos 60, os movimentos e lutas sociais, o desenvolvimento de experiências reformistas na América Latina, o surgimento da revolução cubana, a luta de guerrilhas e a reflexão em torno do processo de dependência acentuaram a insatisfação de muitos assistentes sociais que se viam como "bombeiros", chamados a apagar pequenos incêndios, a atuar no efeito da miséria, a estabelecer contatos sem contribuir efetivamente para a melhoria da vida cotidiana do povo.

Falando de justiça e caridade desenvolveu-se certa má consciência entre os assistentes sociais, que não viam realizados na prática os propósitos tantas vezes estudados e proclamados nas encíclicas papais, nos manuais de Serviço Social e normas estatais.[7] No interior do Serviço Social surge um movimento contra o "importado" dos Estados Unidos, por sua inadequação às realidades latino-americana. Critica-se principalmente o Serviço Social de Casos. Começa uma crítica de caráter NACIONALISTA em relação à profissão.

As estratégias governamentais e o processo de acumulação de capital exigiam novas definições sociais do processo de manutenção da força de trabalho, bem como formas tecnocráticas de trabalho nas instituições.

---

5. ONU. Twenttief Report, in Amman, Safira B. *Ideologia do Desenvolvimento de Comunidade no Brasil.* São Paulo, Cortez, 1980, p. 32.

6. Kuhn, Thomas, in *La structure des révolutions scientifiques.* Paris, Flammarion, 1972, p. 26, define paradigma como "as descobertas suficientemente importantes para retirar um grupo de adeptos de outras formas concorrentes de atividades" e que "abrem perspectivas suficientemente vastas para fornecer a esse grupo de pesquisadores todas as espécies de problema a resolver". Alford coloca como condições para a existência de um paradigma: "a seleção de um problema, a unidade de análise, palavras-chave, dados significativos, uma interpretação dos dados e uma generalização", in "Paradigms of relations between Sate an Society", in Lindberg, L. (Org.) *Stress and Contradictions in Modern Capitalism.* Toronto, Lexington Books, 1975, p. 151.

7. Nas normas da LBA (Legião Brasileira de Assistência) de Minas Gerais, em 1965, fala-se da "necessidade de serem despertados grupos e pessoas da comunidade para a responsabilidade social, ou seja, para o dever que cada um tem de fazer alguma coisa pela coletividade com base nos próprios fundamentos da justiça social. Cabe aqui lembrar a necessidade de o povo ajudar aos órgãos competentes em seus propósitos", in LBA — Comissão Estadual de Minas Gerais. *Expansão da Rede de Agências de Serviço Social de Família.* Belo Horizonte, LBA, 1965, p. 7.

A colaboração já não era visualizada, como nos anos trinta, entre classes da sociedade civil, mas entre a sociedade civil e o Estado, entre os órgãos estatais e a população.

O Estado era apresentado como o gestor do bem comum, como o "responsável pelo bem-estar", necessitando-se a "congregação de esforços" em "benefício das próprias comunidades".

Essa ideologia do consenso por meio do planejamento escamoteou o próprio caráter classista do Estado, apresentando os programas sociais como bons em si mesmos, já que "orientados" pelo "bem comum".

Essas estratégias buscavam dar uma resposta aos movimentos sociais que se organizavam e estavam em ascensão, pela sua recuperação. No processo de reflexão do Serviço Social foi-se preparando então um "salto" histórico. Ao contrário de se tecnocratizar, certos grupos passaram a colocar a atuação profissional como uma ação política, tendo a problemática do PODER como o objeto de trabalho na relação de forças sociais. Nessa perspectiva, o método dialético passou a ser uma dimensão fundamental para abrir novas perspectivas de ação e de análise. Esse paradigma será mais profundamente analisado na última parte deste capítulo. Essa reflexão surgiu das pressões e exigências dos movimentos sociais que recusavam a "troca paternalista". Os movimentos urbanos, operários, camponeses, ligados ou não a partidos políticos, foram-se rearticulando nesse próprio processo de industrialização modernização — urbanização em torno de seus interesses, de maneira combativa e autônoma.

Como movimento de reconceituação, o Serviço Social foi-se definindo então pela busca da contemporaneidade da profissão e da transformação social no interesse das classes subalternas, criando vínculos com os movimentos sociais e os interesses de uma clientela fundamentalmente proletária (operários, camponeses e setores marginalizados) sem voz e sem vez no contexto elitista e autoritário do poder.

## Polarização e pulverização de tendências

Tomando as relações de poder e correlação de forças como objeto de trabalho, a prática teórica da reconceituação foi cristalizando polarizações entre trabalhadores ou assistentes sociais, então mais ou menos próximos ou distantes das lutas sociais.

Talvez essa polarização seja um dos principais efeitos do "movimento" de reconceituação, levando alguns trabalhadores sociais a se situarem e a defenderem a perspectiva do modelo de relações interpessoais, enquanto outros ampliavam sua concepção de ação política.

Essa polarização, vista em muitos congressos latino-americanos, manifestou-se claramente no III Congresso Brasileiro de Assistentes Sociais, realizado em São Paulo em setembro de 1979. A organização oficial do Congresso, estabelecida pelo CEFAS, foi reestruturada pela assembléia geral, em que predominava a ação das associações profissionais (APAS). Nessa reestruturação, a comissão de honra, constituída por ministros de Estado, foi substituída pelos "trabalhadores brasileiros", e na sessão de encerramento, em vez de ministros, falaram líderes operários metalúrgicos e dos movimentos populares "pela anistia" e "contra o custo de vida".

O debate ideológico tomou conta e tomou corpo, no seio da profissão, dividindo o Serviço Social, e resolvendo na prática da luta e da contestação a questão da elaboração de modelos teóricos que infestaram o Serviço Social nesse período, tanto nos EUA e no Canadá como na América Latina.

Nos EUA e Canadá a década de 70 consagrou a divisão entre Case-Workers e Comunity Workers, estes mais politizados ou politizando a intervenção social, e os primeiros voltados para uma psicologização da intervenção, tomando as relações psicossociais independentemente de seu contexto econômico social e político.

Mas esta divisão foi encoberta por uma máscara de teorias intermediárias que se referem tanto ao caso, como ao grupo, como à comunidade.[8]

Em Serviço Social de Casos constata-se uma preocupação com os modelos que enfatizam mais a situação e a tarefa do que o indivíduo como objeto de trabalho. Isso por exigência mesma do desenvolvimento do capitalismo, que impõe soluções eficazes e rápidas, preparando a mão-de-obra para adaptar-se rapidamente à produtividade. Pululam as experiências psicologizantes da vida cotidiana, com análises transacionais, de bioenergia, meditações transcendentais, relaxamentos, psicodanças etc.

Em Serviço Social de Grupo, os modelos norte-americanos também enfatizam os grupos terapêuticos, de inter-relação, de encontro, ficando os grupos de contestação, como os feministas, longe da atuação do Serviço Social como tal.

---

8. Ver, por exemplo, em relação a Serviço Social de Casos, a enumeração de 21 métodos de tratamento por Whittaker, James K. "Formes diverses de traitement social", in *Service Social*, v. 25, nº 1, jan.-jun. 1976, p. 7-50; e em relação a grupos ver Cavalcante, Gelba. *Modelos Teóricos do Serviço Social com Grupos*. São Paulo, Cortez, 1980.

Em relação ao Serviço Social de Comunidade pode-se enumerar os modelos que buscam estratégias de recuperação e manipulação do comportamento considerado contestatório, integrando as reivindicações e movimentos sociais de grupos específicos da população no processo de negociação das instituições. As instituições adotam verdadeiros planos de *marketing social*[9] para impor o consumo massivo de certos comportamentos de lazer, de habitação, de alimentação que se insiram na estratégia de monopolização de vida cotidiana e de sua administração pelas empresas multinacionais. Essas empresas têm investimentos nos supermercados, na fabricação de alimentos, nos transportes, nos lazeres e no consumo de massa de alimentos e de equipamentos, tendo interesse na produção de um lazer institucionalizado e "marketingizado".

A compra de bens de consumo esportivos, de planejamento familiar (pílulas e condons), de saúde-doença, de alimentação é realizada direta ou indiretamente pelas instituições sociais. Os serviços sociais são mediações institucionais do mercado das grandes empresas. Pela previdência por exemplo compra-se e vende-se a alta tecnologia, financiam-se os grandes hospitais privados, aumenta-se a produtividade da mão-de-obra das empresas, favorece-se a indústria farmacêutica monopólica.

Na América Latina, a elaboração teórica ficou menos pulverizada, já que as próprias práticas do Serviço Social nas instituições permaneceram a um nível de administração de benefícios sociais e de convênio de forma mais ou menos paternalista ou tecnocrática. Constata-se que a prática institucional do Serviço Social se manteve fundamentalmente na área de distribuição de recursos em espécie ou em dinheiro, como leite, bolsas de estudo, remédios, próteses, ou de modificação do comportamento de populações para acatar os programas vindos do alto, como vacinações, mudanças e erradicação de favelas, eleição de candidatos ou administração de convênios.[10] Constatam-se também alguns planos "promocionais" no sentido de organizar artesãos com entrepostos municipais para comercialização de seus produtos, produção hortigranjeira ou de outros tipos.[11]

---

9. Ver Kotler, Philip. *Marketing para as Organizações que não Visam Lucro*. São Paulo, Atlas, 1978, capítulo 16.

10. Maria Luísa de Souza fala de "quatro bases para ordenação" das práticas do assistente social: atividades de mobilização social e implantação de programas, atividade de supervisão e coordenação de serviços, atividades de orientação, e atividades de encaminhamento", in *Questões Teórico-Práticas do Serviço Social*. São Paulo, Cortez & Moraes, 1980, p. 54.

11. Ver, por exemplo, Barros, Décio Silva. *"Vale Rico", Uma Experiência de Serviço Social em Dimensão Politécnica*. São Paulo, Editora do Escritor, 1978.

Trata-se muitas vezes também de projeto vindos de cima, com uma simples participação consultiva ou orientada da população.

Há que considerar também os trabalhos de emergência em casos de inundação, seca, incêndios ou outros fenômenos naturais que atingem duramente as populações marginalizadas.

Com essa forma de prática dominante vai-se instalando um tipo de "gestão social da vida cotidiana" pelo Estado, para controle das populações excluídas do processo de produção dominante, armazenando-as em instituições, compensando-as com recursos ou implementando culturas de subsistência para mantê-las assim no modo de produção doméstico.

Essa gestão social da vida cotidiana faz-se pela articulação das instituições estatais com as patronais e as confessionais e voluntárias.

O Estado transfere verbas às instituições assistenciais, libera-as do Imposto de Renda ou declara-as de utilidade pública. Realizam-se convênios com entidades patronais que atuam tanto no âmbito da fábrica como no da vida a domicílio do trabalhador (SESI e SESC por exemplo).

O Estado, em suas políticas sociais, intervém no controle dos que são excluídos do mercado (velhos, doentes, acidentados e crianças) e nos domínios ligados à manutenção da produtividade e reprodução da força de trabalho (alimentação, habitação, lazer), nos domínios de controle social ("desvios") do comportamento de menores, criminosos e doentes mentais.

Essas intervenção articula-se com os interesses privados pelo consumo de certos bens para manutenção da força de trabalho e da ordem social.[12]

A partir dessas práticas, as "teorias" do Serviço Social têm-se limitado a retomar o pensamento tradicional, seja na linha do planejamento social, como o faz Décio da Silva Barros, ou segundo um enfoque psicossocial, como o faz Anna Augusta de Almeida, ou conforme a teoria dos sistemas, como o faz Balbina Ottoni Vieira.[13]

Tanto nos Estados Unidos como na América Latina há tentativas de sistematizar e de definir paradigmas para sistematizar essas distintas "teorias".

---

12. Ver Faleiros, Vicente de Paula. *A Política Social do Estado Capitalista. As Funções da Previdência e da Assistência Sociais*. São Paulo, Cortez, 1980.
13. Ver Barros, Décio Silva, op. cit.; Almeida, Anna Augusta de. *Possibilidades e Limites da Teoria do Serviço Social*. Rio de Janeiro, Francisco Alves, 1978; Vieira, Balbina Ottoni. *Metodologia do Serviço Social*. Rio de Janeiro, Agir, 1978.

No Canadá, Roland Lecomte tentou reduzir as várias teorias do Serviço Social a duas "orientações metateóricas": uma normativa e outra empírica. Para o autor, "a orientação que trata de valores, de normas, de ideologias, influenciando sobre a escolha a fazer, chama-se uma orientação normativa, e supõe que o Serviço Social, como as ciências sociais, mas diferentemente das ciências físicas, seja uma tarefa moral. Essa orientação assemelha-se muito às filosofias fenomenológica e existencial, que insistem sobre a importância da teoria e do método que retomaram o sentido e a apreciação ética que as pessoas atribuem ao comportamento pessoal e social".[14] Por outro lado, a orientação empirista "se assemelha mais às hipóteses elaboradas por certos filósofos da ciência, notadamente os 'empiristas lógicos', os 'positivistas lógicos' e os naturalistas. A orientação empírica, em relação à teoria, trata de fatos, do que é, e se afasta tipicamente do que deve ser. Seu objeto é a explicação. Segundo o autor, nessa orientação, o Serviço Social seria uma ciência aplicada, buscando encontrar teorias nas ciências comportamentais e sociais e o papel da teoria (tirada de outras ciências) é de guiar a prática".[15]

Essa divisão proposta por Lecomte tem suas raízes em Max Weber, separando os juízos de fato dos juízos de valor e retoma o próprio esquema positivista de separação entre o normativo e o observável.

Em realidade, na observação dos fatos não há neutralidade, não há separação entre juízos de fato e juízos de valor, de forma tão rígida. A observação dos fatos está entremeada, marcada pelo contexto social, psicológico, valorativo do observador. Paul Feyrabend diz que a experiência é INVENTADA,[16] e os valores, as hipóteses, *ad hoc*, e o desenvolvimento da ciência são um processo histórico. (É essa a tese que defendemos ao longo de nosso livro *Trabajo Social, Ideología y Método*.)

Feyrabend insiste em que o núcleo de uma nova concepção científica não surge diretamente de uma observação, mas de argumentos históricos, pois as modificações científicas dependem do "contexto da descoberta" e do "contexto da justificação". Feyrabend diz que o processo só será alcançado se a distinção entre o SER e o DEVER SER for utilizada como recurso temporário e não como linha divisória fundamental.[17] Insiste também em

---

14. Lecomte, Roland. "Les problèmes metathéoriques inhérents à l'analyse de la connaissance de pratique en service social", in *Revue Canadienne d'Education en Service Social*, v. 2, n° 1, p. 18.
15. Lecomte, Roland, op. cit., p. 13.
16. Feyrabend, Paul. *Contra o Método*. Rio de Janeiro, Francisco Alves, 1977, p. 121.
17. Feyrabend, Paul, op. cit., p. 263.

que a distinção entre termos teóricos e observacionais não é hoje em dia tão importante, no método científico, pois a teoria influencia a observação e vice-versa.

Os argumentos aqui apresentados visaram mostrar que a divisão metateórica de Lecomte corresponde a uma visão rígida do processo de conhecimento, esquecendo a história e as condições em que é ele produzido.

Na América Latina um dos esforços significativos para sistematizar as teorias e paradigmas do Serviço Social é o de Josefa Batista Lopes,[18] que coloca o pensamento latino-americano em duas grandes perspectivas: a de integração social e a de libertação social. Já no quarto capítulo de *Trabajo Social, Ideología y Método*, havíamos, claramente definido a lógica da dominação e a lógica da libertação no Serviço Social. Voltaremos a essa classificação depois de analisar as posturas de Lima, Barreix e Kruse.

Essa tipificação (libertação/integração) teve a vantagem de superar as classificações etapistas do Serviço Social, tais como apresentadas por Boris Lima e Juan Barreix. O primeiro coloca o desenvolvimento do Serviço Social em quatro etapas: pré-técnica, técnica, pré-científica e científica, utilizando também uma classificação bastante vulgarizada de distinção entre Serviço Social Tradicional, de Transição e Dialética.[19] O segundo distingue entre Assistência Social (concepção benéfico-assistencial), Serviço Social (concepção paramédica e/ou parajurídica, ascética, tecnocrática, desenvolvimentista) e Trabalho Social (concepção conscientizadora-revolucionária).[20]

Essas colocações, que situam a teoria do Serviço Social em etapas, não o fazem em termos de uma perspectiva teórica sistemática, mas de observações empíricas segundo alguns indicadores, dando uma visão de evolução linear progressiva, sem mesmo utilizar a noção de corte epistemológico, já definida em nosso texto de 1972.[21]

Além disso essas tipificações de tendências em momentos do Serviço Social partem de uma evolução interna da própria profissão, sem mostrar as condições em que ela foi produzida. No entanto, servem para descrever um processo, para colocar balizas ou limites, para enumerar e distinguir.

---

18. Lopes, Josefa Batista, op. cit.
19. Lima, Boris A. *Contribución a la Metodología del Trabajo Social*. Caracas, Colegio Universitario de Caracas, 1974, segunda parte.
20. Ander-Egg, Ezequiel, et alii. *Historia del Trabajo Social*. Buenos Aires, ECRO, 1975, p. 185-201.
21. Faleiros, Vicente de Paula. *Trabajo Social, Ideología y Método*. Buenos Aires, ECRO, 1972, p. 102.

Herman Kruse parte de uma distinção elaborada por Greenwood para definir as tendências do Serviço Social Latino-Americano.[22] Greenwood coloca o Serviço Social como tecnologia aplicada a partir da diferença estabelecida entre ciência e técnica.

Kruse vê um paradigma de Serviço Social na perspectiva que o coloca como aplicação de teorias e outro naquela que situa sua prática como FONTE de teorias. Essa última perspectiva poderia caracterizar o Serviço Social reconceituado, tomando-se o critério de relação/aplicação teoria-prática-técnica.

Essa relação foi por nós definida de maneira dialética no capítulo quatro, já que técnica e teoria não são momentos estanques isolados da prática científica.

A tipificação integração/libertação representa um passo à frente na definição das perspectivas metateóricas do Serviço Social. Parte de critérios e elementos internos de cada corrente e dos objetivos gerais propostos (integração versus libertação), sem preocupar-se fundamentalmente com a significação metateórica de cada corrente em sua relação com as teorias e movimentos sociais, deixando também de definir cada tema num conjunto geral e sistemático.

No entanto, o texto de Josefa Lopes abre nova perspectiva interessante de investigação, apesar do método quantitativo utilizado pela autora, que nos leva à análise do peso específico de cada autor citado, e não à compreensão das perspectivas globais de seus pensamentos. Nesse estudo o texto de *Trabajo Social, Ideología y Método* aparece como claramente definido no campo da libertação social, e a autora aí destaca como objeto do Serviço Social a "dominação", em oposição à "carência e à disfunção", próprias de uma perspectiva integradora.

Essa sistematização permite definir e precisar o pensamento do Serviço Social latino-americano, pois o termo "reconceituação" é completamente ambíguo, aparecendo com significados distintos, ora incluindo, por exemplo, o Documento de Araxá ora excluindo-o, ora incluindo a modernização ora excluindo-a, ora incluindo o fenomenologismo ora excluindo-o.

Às vezes, esse movimento é também tomado com certo maniqueísmo, situando-se de um lado os "bandidos" (Serviço Social funcionalista) e

---

22. Kruse, Herman. *Introducción a la Teoría Científica del Servicio Social*. Buenos Aires, ECRO, 1972, p. 63.

de outro os "mocinhos" (Serviço Social reconceituado e dialético), deixando-se de considerar os aspectos históricos e teóricos da formação de paradigmas de pensamento.

Alan Dowe tentou sistematizar duas sociologias, a da ordem e a da ação social, invocando para isso a categoria de doutrina como sistema complexo de conceitos, incluindo juízos de fato e de valor, uma filosofia e um sistema de conceitos e de proposições.[23]

Nosso intento visa retomar, a seguir, as teorias do Serviço Social, a que fizemos referência no início deste capítulo, para poder articulá-las em dois grandes paradigmas ou tendências e que reúnem grupos significativos de adeptos e têm aplicações práticas significativas.

Nosso objetivo é agrupar não somente duas concepções abstratas do mundo, mas correntes e posicionamentos, práticos no contexto político. Nosso intento é diferente do proposto por Mônica Caselet, que partiu de modelos formais gerais (Empirismo e Formalismo) para em seguida verificar como se aplicam na prática do Serviço Social.[24]

Para isso vamos trabalhar sistematicamente um conjunto de teorias, métodos e operações a partir da própria prática e da história concreta do Serviço Social.

As lutas, enfrentamentos, discussões, operações e posicionamentos dos trabalhadores sociais em inúmeras instituições vêm cristalizando e polarizando formas de sistematização dessas práticas que se traduzem em "teorias" intermediárias, em modelos de planejamento e ação, em normas de trabalho. Aliás, há uma relação entre essas teorias e os modelos de prática. Basta ver, por exemplo, a resolução do INPS nº 064.2, de 4 de setembro de 1978, que determina o plano básico de ação do Serviço Social dizendo que a característica da atuação do assistente social define uma prática orientada para o funcionamento social do beneficiário nas suas relações com a instituição e *com o programa*, o Serviço Social, visa a melhoria de condições de vida do beneficiário por sua capacitação social.[25]

Por outro lado, uma nova proposta da COBES, de São Paulo, diz que "a presença da COBES nas regiões deverá ensejar ação articulada com outros organismos, prioritariamente públicos, na prestação de serviços à po-

---

23. Dowe, Alan. "The Two Sociologies". *British Journal of Sociology*, v. 21, 1970, p. 207.
24. Caselet, Mônica. *Alternativas Metodológicas en Trabajo Social*. Buenos Aires, Humanitas, 1974.
25. Ver Boletim de Serviço do INPS. Suplemento 005 de 14/9/78.

pulação, como resposta adequada a seus direitos sociais, de forma a assegurar, mediante participação, o pleno exercício da cidadania".[26]

Essas duas propostas de trabalho refletem posicionamentos concretos, "projetos" coletivos, isto é, "desenvolvimento de uma ação histórica com uma finalidade específica e complexa", segundo Jean-Paul Sartre.[27]

As perspectivas teóricas e práticas antes enumeradas são aqui colocadas em dois paradigmas, levando em conta seus postulados sobre as relações sociais e a intervenção profissional nessas relações.

É nas relações sociais que atua o Serviço Social.

O primeiro paradigma refere-se à concepção das relações sociais como fundamentalmente interindividuais e o segundo as concebe como correlações de força com base nas relações de poder e de exploração.

## O paradigma das relações interindividuais

Segundo este paradigma a ação profissional consiste numa relação interindividual, na interinfluência para modificação do comportamento ou da compreensão que o cliente tem de uma situação, de acordo com os "valores" sociais.

Nessa perspectiva, o Serviço Social é, antes de tudo, um relacionamento guiado por dois "eus", entre os quais há uma comunicação e transmissão de mensagens, para restabelecer o equilíbrio do "eu" consigo mesmo ou com sua situação.

Mesmo nos chamados serviços sociais públicos ou de administração, como os classifica o Documento de Araxá, as relações profissionais são consideradas na base de um padrão interindividual.

Nos serviços sociais denominados clínicos ou "orientados para as pessoas"[28] haveria uma igualdade de situação entre profissional e cliente para que se possa estabelecer um contrato desinteressado e proveitoso para ambos.

---

26. COBES, SP. Política de Atuação e Estrutura Organizacional da COBES. São Paulo, 1979, documento mimeografado.
27. Sartre, Jean-Paul. *Questão de Método*. São Paulo, DIFEL, p. 94.
28. Grosser, Shirley. "Educating the 'holistic' Social Worker: A perspective and Approach for Practice", in *Canadian Journal of Social Work Education*, v. 1, n° 2, p. 28.

Na prestação de serviços haveria transações entre usuários conscientes e profissionais abnegados num relacionamento específico, burocraticamente determinado.[29] Essas concepções ressaltam um processo de interinfluências, pois, como afirma Lucena Dantas, "há nível das estruturas parciais para cujo processo de mudança normalmente a sociedade delega competência e poder aos diversos profissionais, para tomarem decisões de caráter técnico, levando-as à prática. Esse tipo de mudanças parciais são efetivadas no campo do Serviço Social quando, por sua ação, determinados indivíduos são levados a adotar comportamentos baseados em raciocínios críticos, necessários a ordenar suas atitudes dentro do quadro da vida urbana (...)" E continua: "Entendemos o planejamento como processo decisório, onde realmente o técnico, por meio de formulação de alternativas, pode *influir* na racionalidade das decisões a nível das estruturas globais".[30]

Nessa perspectiva está claramente definido o modelo profissionalizante das relações humanas que visa levar os indivíduos a mudarem de comportamento ou que visa *influir* nas decisões do planejamento. No fundo parte-se do postulado, considerado fundamental para o Serviço Social, e formulado por Pincus e Minahan, de que o indivíduo é o fundamento dessa sociedade (*the individual is the primary concern of this society*).[31] O profissional de Serviço Social deve buscar, no relacionamento com outros indivíduos, introduzir um significado na sua vida cotidiana, a partir da situação problemática vivida pelo cliente.

O indivíduo passaria a ocupar posições diferenciadas em razão de seus méritos. A liderança decorreria de características específicas. "O comportamento individual ocorre como resultado das respostas do ego do indivíduo aos processos da vida em grupo".[32] Motivando o "ego" assistente social busca manejar o *desejo o esforço* e o *apoio recíproco*.

Klein diz que essa concepção, baseada na teoria da aprendizagem, difere daquela que busca influenciar o comportamento dos indivíduos "ma-

---

29. Parsons, Talcott. *Essays in Sociological Theory*. Nova York, The Free Press, 1964, capítulo II. Diz Parsons que o papel profissional se fundamenta na competência técnica, na racionalidade e no altruísmo.

30. Dantas, José Lucena. "Teoria Metodológica do Serviço Social — Uma Abordagem Sistemática", in Documento de Teresópolis, *Debates Sociais*. Suplemento n° 4, set. 1978, p. 124.

31. Pincus, Allen e Minahan, Anne. *Social Work Practice: Model and Method*. Itasca, Illinois, Peacok Publishers Inc., 1973, p. 38; Vieira, Balbina, op. cit., p. 27, item 1.

32. Klein, Alan. *Serviço Social através do Processo de Grupo*. Rio de Janeiro, Francisco Alves, 1975, p. 28.

nipulando variáveis externas" (sic, p. 26) como o relacionamento com o ambiente, buscando alterar elementos que determinam o comportamento.

Tanto a concepção psicologista de Klein, como a concepção sociologista e behaviorista partem do indivíduo. A primeira insiste no indivíduo. A segunda insiste no deslocamento do indivíduo de um meio para outro, no deslocamento de variáveis externas que vão influenciar o meio do indivíduo, como recursos, prêmios, punições, regulamentos que são usados para o "bem" do cliente, segundo a discreção profissional. Esses meios externos são neutros e disponíveis de acordo com as situações apresentadas.

Nesse modelo o ideal seria manipular as variáveis externas e internas, combinando *recursos* e *motivação* no processo de comunicação.

Recursos, motivação e relacionamento, numa situação-problema, eis os ingredientes trabalhados na interação individual ou sócio-institucional.

O profissional interfere na mudança do meio imediato e na mudança imediata do indivíduo, segundo vários padrões de relações, confundindo objeto e objetivo profissional.

Esse padrão de relacionamento faz-se segundo uma ênfase no processo individual pela aprendizagem social,[33] pelo diálogo,[34] pela utilização dos grupos,[35] pelo relacionamento empático,[36] ou com mais ênfase nos "meios externos" como auxílio e facilitação de canais de comunicação.[37] Ou se

---

33. H. *Social Work Practice: A Unitary Approach*. South Caroline, University South Caroline Press, 1973, in Vieira, Balbina O. e outros. *Cientificidade do Serviço Social*. CBCISS, Documento apresentado ao III. O Seminário de Teorização do Serviço Social, novembro de 1978. Diz Goldstein: "preparar os meios e as operações pelas quais as pessoas possam alcançar, achar alternativa, organizar-se a respeito, opor-se ou então agir livremente, havendo-se com condições que interferem em *sua vida produtiva*" (p. 8 — grifo nosso).

34. Para Anna Augusta de Almeida a "intervenção social" define procedimentos metódicos de um processo de ajuda psicossocial desenvolvido num diálogo, a *partir do qual* ocorrem transformações inerentes às experiências de pessoa, grupo e comunidade" (op. cit., p. 24 — grifo nosso).

35. Natalio Kisnnerman diz que "o grupo é o recurso operacional dinâmico que o serviço social reconceituado utiliza para conhecimento e ação, já que permite a investigação de sua própria problemática e a do contexto na qual está inserida a intervenção planejada como sujeito, enquanto complexo de indivíduos em interação com um determinado objetivo", in *Sete Estudos sobre Serviço Social*, São Paulo, Cortez & Moraes 1980, p. 55.

36. Falcão, Maria do Carmo Brandt de Carvalho. *Serviço Social — Uma Nova Visão Teórica*. São Paulo, Cortez & Moraes, 1979, p. 40.

37. Ver Grupo Meta. *Serviço Social na Empresa*. São Paulo, Cortez, 1979, p. 31: "Agente facilitador no sentido de, por exemplo, criar e aperfeiçoar canais de comunicação, formas de integração e outras; *em última análise no sentido de melhorar as relações interpessoais*" (grifo nosso).

interfere no esforço e na compreensão ou na situação imediata envolvente. Nesse caso interfere-se pela "oportunização" de um recurso, de uma comunicação.

Segundo esse paradigma, a situação-problema, a área problemática, é uma condição para intervir na gestão do comportamento social, para descobrir os significados que o indivíduo dá a essa situação e para orientá-lo na busca de outros significados ou no processo de participação. Está definida como o desenvolvimento de valores, atitudes e habilidades capazes de gerar no cliente-pessoa um comportamento expressivo como implementação e ativação de canais de participação ao nível das estruturas e organismos.[38]

Nesse paradigma de análise a própria definição de "situação-problema" ou de "situação-existencial-problemática" leva a um círculo vicioso, pois o problema é definido como aquilo que o indivíduo considera problema, pois como diz Balbina O. Vieira "o problema é tudo que nos é apresentado e que é difícil de explicar ou resolver".[40]

É necessário retomar o próprio conceito de "problema" numa teoria mais ampla.

Que vem a ser situação-problema? Por que um indivíduo se torna problema? Por um lado é quando ele se sente infeliz, e por outro lado quando deixa de ser produtivo. Assim, à medida que o indivíduo se torna IMPRODUTIVO por perturbações pessoais ou certas circunstâncias, ele torna-se um problema, pois já não pode contribuir ao (com ou para) processo de acumulação de capital e à convivência social esperada para dinamizar essa produção.

O alvo principal das críticas do movimento de reconceituação do Serviço Social foi o humanismo abstrato de suas teorias baseadas num processo ideal de ajustamento e integração. Os autores que agora estamos analisando não responderam a essas críticas, mas refinaram suas definições, segundo certas doutrinas filosóficas ou certos postulados tecnocráticos, adaptando-se às novas exigências da produção capitalista.

---

38. Falcão, Maria do Carmo Brandt Carvalho, op. cit. p. 25.

39. "No Serviço Social esses objetivos (gerais) serão de dar os meios e oportunidades às pessoas para resolverem suas dificuldades, controlarem as circunstâncias que interferem com uma vida social feliz e produtiva." Vieira, Balbina O., op. cit., p. 26. Para Kisnnerman "a situação torna-se problema quando tomamos consciência de sua problematicidade" (*sic*) (op. cit., p. 44).

40. Vieira, Balbina O. "Esquema para Análise dos Campos de Serviço Social". Rio de Janeiro, CBCISS, Doc. n° 134, 1978, p. 18.

Os problemas de carência, desvio, participação não constituem situações isoladas, circunscritas a um conjunto de fatores circunstanciais.

A circunstância da ação profissional e da situação configura uma conjuntura, um momento de conjugação de efeitos econômicos, políticos e ideológicos produzidos independentemente de ação e em relação a ela. A problematização das situações e dos indivíduos são fenômenos históricos que necessitam ser situados nas suas relações globais.

A ação profissional, para reduzir e/ou controlar a improdutividade e o perigo representado pelos indivíduos ou para fazê-los voltar ao processo produtivo, utiliza-se fundamentalmente do relacionamento, da gestão de recursos, num processo de comunicação cada vez mais refinado pela tecnologia e pelo *marketing* social. As instituições usam os meios de comunicação de massa, as campanhas, os contatos face a face, as reuniões de grupo, para persuadir, educar, capacitar e/ou impor os meios legais para que os indivíduos reconheçam seu lugar na estrutura social e se tornem produtivos.

A utilização do "eu" do profissional que busca "ajudar o cliente a identificar e clarificar seus problemas, sugerir um plano e engajar o cliente em um processo de ajuda direta ou indireta",[41] esquece que o indivíduo é um vínculo social e um referente concreto, que não pode ser concebido de forma abstrata.

Esse processo de utilização do eu, julgamento e valores supõe que as relações entre os homens são independentes das estruturas, e que atuando sobre os indivíduos, em sua relação com o meio, melhora-se a sociedade. Nessa linha, a ação do profissional busca, pela compreensão e pela motivação do cliente, restabelecer a sociabilidade e o equilíbrio, pondo-se empenho no esforço individual pelo impulso de um relacionamento e de um recurso para uma "nova" oportunidade, já que o indivíduo deve realizar no mercado suas opções fundamentais.

Segundo esse paradigma de intervenção do Serviço Social, as tensões sociais são aceitas, mas suas explicações são dadas seja por interações insatisfeitas, seja por falta de recurso, ou por falta de gestão adequada da vida cotidiana, ou por falhas de personalidade. A "correção" dessas falhas mediatizar-se-ia pela ação profissional institucionalizada.

Inserida em todos os aparelhos da sociedade, a prática profissional seria mediatizadora de um *contrato* entre cliente, profissional e instituição.

---

41. Whittaker, J. *Social Treatment*. Chicago, Aldine, 1976, p. 53.

O modelo ideal de um contrato[42] entre cliente e profissional desconsidera as desigualdades concretas das partes em interação, isto é, suas situações desiguais de dominação nos aparelhos institucionais. Na perspectiva parsoniana cliente e profissional estariam numa relação de equivalência, com base em um fetichismo da igualdade institucional entre os atores: o profissional agindo por desinteresse e pelo bem público e o cliente agindo para corresponder às expectativas sociais inerentes a seu papel.

A atuação profissional realiza-se então no "sistema de personalidade", tendo por função a *internalização de valores* (visão feliz da vida) e o *desempenho de papéis* (vida produtiva) que são integrados a nível societal e unificados a nível supra-societal pelos valores.[43]

---

42. Peter Ketner tenta unificar num só esquema os modelos de prática utilizando os seguintes componentes: o conteúdo da fase inicial, os métodos de consolidação, as estratégias e técnicas de intervenção, avaliação e efetividade e terminação. Com base nesse modelo propõe um diagrama de um modelo de solução de problemas:

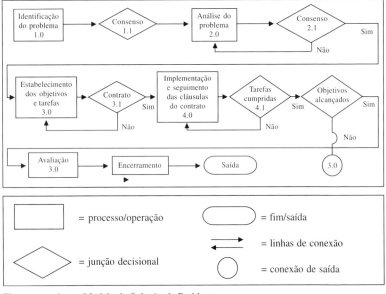

Fluxograma de um Modelo de Solução de Problema.
Nesse esquema sobressai claramente a idéia de consenso e de contrato entre profissional e o cliente. In "A Framework for Comparing Practice Models" (*Social Service Review*, dez. 1975, n° 4, p. 637).

43. Parson, Talcott. *Sociedades, Perspectivas Evolutivas e Comparativas*. São Paulo, Pioneira, 1969, capítulo II.

Controlando a *energia* do subsistema orgânico pela *informação* advinda do subsistema cultural, os profissionais da área social apresentam-se como promotores da harmonia e da ordem.

Esse modelo leva à profissionalização da vida cotidiana, à gestão das tensões e modificações do comportamento e atitudes que são considerados *improdutivos* ou *ameaçadores* para a ordem social dominante.

A situação-problema, vista como questão de relações interindividuais, culpa os indivíduos, esquecendo que a improdutividade e a desordem são problemáticas estruturais que só podem ser definidas no âmbito do contexto geral das relações de exploração e de poder.

Reconhecendo que o problema é gerado pela infelicidade e pela improdutividade, o paradigma das relações *interindividuais*, no entanto, não vê que para não alterar as *relações sociais*, os profissionais são colocados corno mediatizadores de práticas imediatas. O imediato torna-se fundamental, e a intervenção profissional muda a forma em que se coloca a problemática social. É o que chamamos de fetichismo institucional.

O problema da improdutividade ou da produtividade, ou ainda da produção e não produção, é uma questão de acumulação do capital, de valorização do capital. A população improdutiva e infeliz é um problema para o capital, que é transformado em um problema da clientela, por uma série de mediações, de relações imediatas de troca.

Esse fetichismo articula-se numa infinidade de relações, fazendo o indivíduo crer no valor do esforço, do consumo, da ascensão, da disciplina. O trabalho e a produção são tidos como os critérios da vida feliz.

Como o capitalismo cria também excedente de população, desempregados, mendigos, a margem de "infelicidade" também tende a aumentar em razão da exclusão dessas massas dos bens da sociedade. Torna-se então necessário controlá-las e contornar os problemas gerados nessa dinâmica do produtivismo e do consumo. Com recursos "socializados" e bons relacionamentos os problemas estruturais são "transformados", tomam a forma de problemas institucionais.

Esses problemas são definidos então em termos dos "recursos" estabelecidos como habitacionais, educacionais, sanitários ou em termos profissionalizantes como psicológicos, sociológicos, de serviço social.

No paradigma de análise que a seguir analisamos, essa problemática do "recurso" e do "relacionamento" é colocada na sua fundamentação estrutural.

## O paradigma das relações de força, poder e exploração

O movimento de reconceituação contribuiu fundamentalmente para deslocar o eixo de preocupação do Serviço Social da situação *particular* para a relação *geral—particular* (ver o capítulo 5 de *Ideología y Método*), e de uma visão psicologizante e puramente *interpessoal* (ver capítulo 7) para uma visão *política* da interação e da intervenção.

Não tem sentido rotular o movimento de reconceituação como althusseriano, já que o objetivo desse movimento não foi aplicar Althusser como outros aplicaram Parsons, mas colocar as problemáticas e situações concretas num movimento mais amplo que as explica, em sua relação com a estrutura social. Para alcançar tal meta a contribuição de Althusser, entre outras, foi útil num determinado momento.

Como já assinalamos anteriormente, a prática do Serviço Social junto aos movimentos sociais camponeses, urbanos e operários[44] desenvolveu uma nova perspectiva de ação profissional, como o definida pelo projeto da Escola de Serviço Social da Universidade Católica de Valparaíso, cujos objetivos eram a organização, a mobilização, a participação e a conscientização,[45] a partir dos movimentos e das forças sociais de transformação.

Essa perspectiva de trabalho despertou um interesse profissional teórico e prático pelos setores produtivos e dinâmicos da população, já que pelo lugar que ocupam no processo produtivo representam as forças principais da transformação social.

As forças de transformação não se definem exclusivamente pelo lugar ocupado na estrutura produtiva, mas também pela conjuntura, pela mobilização, combatividade e organização popular contra o bloco no poder.

Se, no início da industrialização, as contradições entre burguesia e proletariado ficavam no âmbito da fábrica, a própria intervenção do Estado foi ampliando o campo da luta. As habitações, as creches, os transportes, a energia foram-se tornando objeto de ação do Estado, polarizando a vida cotidiana e gerando grupos e movimentos uniclassistas ou policlassistas

---

44. Ver, por exemplo, Bullain, Maritza J., e outros. *Trabajo Social con Campesinos*. Buenos Aires, ECRO, 1976, assim como vários autores. *Trabajo Social en el Sector Obrero*. Lima, Cuadernos CELATS, 1976, e Abramides, Maria Beatriz, e outros. *Repensando o Trabalho Social*. São Paulo, Cortez, 1980. Este último texto trata do trabalho social com movimentos sociais urbanos. Fica clara a preocupação com estes "setores" ou movimentos de transformação: camponeses, operários e movimentos sociais urbanos.

45. Ver Pizarro, Eloisa, Leiva, C., Faleiros, V., Joffré, Maria E., e Queiroz, T. *Que Es Trabajo Social*. Valparaíso, Ediciones Universitarias, 1972.

contra essa intervenção. O Estado passou a gerir a vida cotidiana (infraestrutura, regulamentos, gestão de conflitos e tensões, equipamentos urbanos e reprodução da força de trabalho) para manter o processo de acumulação do capital no seu conjunto.

A ação de transformação implica, pois, a luta pelas novas relações sociais em todos os campos e não só no âmbito restrito da fábrica e dos setores diretamente vinculados à produção.

Alguns trabalhadores sociais pensam não ser importante a ação junto à clientela "imediata" do Serviço Social nas instituições de velhos, menores, doentes etc. Mas são os velhos, os doentes e as crianças das *classes dominadas* que compõem essa clientela, dividida em categorias especiais pela própria ação do Estado.

A relação clientela/instituição/profissional se coloca a partir das relações de classe da sociedade. A clientela dos Serviços Sociais constitui-se de camadas do proletariado em que a carência nada mais é do que extração da mais-valia. Nada mais é do que uma relação de produção de excedente de riqueza (acumulação) e de miséria.

A carência não é uma falta de oportunidade, de recurso ou de esforço. A carência é uma relação social do capital com o trabalho.

Quanto mais explorada, mais a classe se torna carente, pois a riqueza social aumenta e as distâncias entre as classes se alargam.

O manejamento do recurso em função da "carência" coloca-se, pois, num conjunto de relações de mediação da exploração da força de trabalho. Seja para conservá-la a curto prazo, seja para depositá-la. Manejo que se modifica com a mobilização e organização das classes subalternas.

Mobilização, conscientização, participação e organização vinculam-se à luta das classes oprimidas pela tomada do poder. Na perspectiva da reconceituação, o problema do poder, em alguns casos, foi colocado de forma rigidamente leninista, entendendo-se como poder exclusivamente o poder do Estado, o poder político de governar. A ação profissional confundiu-se, então, com a ação militante, e a formação do assistente social com a formação de quadros políticos.

Ultimamente, com a contribuição teórica de Gramsci e Foucault, a problemática do poder começou a ser vista de forma mais concreta, perdendo-se a euforia de um momento de ascensão das lutas sociais.

Refluiu-se a reflexão e a ação ao nível dos micropoderes às casamatas da sociedade civil constituídas pelas instituições. As relações de força começam a ser vistas numa nova perspectiva, a da tecnologia do poder, e dos micropoderes dos aparelhos institucionais, em sua relação com o poder político das classes sociais.

Relações de exploração e relações de poder conjugam-se, combinam-se, articulam-se. Economia e política sustentam-se. O trabalho social com os explorados é ao mesmo tempo trabalho social com os dominados. E o trabalho social foi visualizando as relações de poder, foi-se tornando trabalho político.

A noção de "intelectual orgânico" está sendo elaborada no que tange ao Serviço Social.[46] O intelectual não é visto como um funcionário da superestrutura, da dominação. Por sua vinculação aos interesses do proletariado, do campesinato e demais setores subalternos e oprimidos, pode *contribuir* para uma nova correlação de forças, uma nova hegemonia, no "bloco histórico" da transformação.

O conceito de "hegemonia", como direção, como conquista de consenso social em função dos interesses das classes dominadas abriu caminho a novas ações, a partir do lugar de trabalho dos profissionais, situando a ação profissional concreta numa perspectiva política.

Adotar e implementar uma opção política comprometida não é uma questão mecânica nem automática, e por isso os assistentes sociais vêm-se preocupando cada vez mais com as estratégias profissionais, com um posicionamento vinculado aos interesses dos trabalhadores. Essas estratégias não são desvinculadas da política social global e das conjunturas específicas de cada instituição da política social.

Na América Latina, a partir de 1975, no domínio do Serviço Social, o tema da Política Social tomou o lugar do tema metodológico. Basta ver o ternário dos congressos e as pesquisas promovidas pelo Centro Latino-Americano de Trabalho Social, órgão da ALAES, assim como o ternário dos dois últimos congressos brasileiros de Serviço Social e se conclui que a política social ocupa aí um lugar central.

Essa preocupação com a política social pode refletir um afastamento do contato direto com as populações, como também um movimento de reconhecimento das condições de trabalho dos assistentes sociais e de suas relações de poder, das mediações entre o Estado e a população, para ver em que direção seu saber institucional está sendo utilizado e que possibilidades existem para sua autonomia.

A problemática do poder não é alheia à reflexão do Serviço Social, sobretudo em Desenvolvimento e Organização de Comunidade. Já em 1956

---

46. Ver, por exemplo, Amman, Safira (op. cit.).

Lippit colocava o problema do poder como objetivo de intervenção, mas no sentido de reequilibrar o poder limitado de indivíduos, grupos e comunidades nas relações, interpessoais.[47] Mais recentemente, e depois das experiências de Saul Alinsky, com seu método de pressão/negociação, S. K. Khinduka e Bernard Coughlin definem a ação social como "uma estratégia para obter uma mudança social limitada nos níveis macro ou intermediário da sociedade, estratégia que é geralmente utilizada em situações não consensuais e emprega tanto os modelos de intervenção de adesão a normas, como de desafio a elas. Três conceitos são fundamentais para esta definição: a direção da mudança, o uso do poder para levar ou resistir à mudança e as estratégias empregadas".[48]

Na perspectiva que estamos apresentando, a análise das situações concretas implica a consideração das relações de dominação não só entre indivíduos (como Coughlin), mas a partir do lugar que eles ocupam no contexto de produção e da cadeia de subordinações a que estão submetidos. O lugar ocupado pelo profissional articula-se nessa rede de poder e de saberes.

Segundo este paradigma, o objeto da intervenção profissional do Serviço Social são as relações de força, de poder e de saber para a conquista, pelas classes subalternas, de lugares, recursos, normas e espaços ocupados e usados pelas classes dominantes.

As relações profissionais inserem-se nas lutas cotidianas das classes dominadas pela subsistência e pela conquista da autonomia de suas organizações e desenvolvimento de uma solidariedade de classes.

O objeto da intervenção é pois um objeto de luta, é uma questão disputada, uma problemática complexa que está em jogo e não uma situação neutra. Na situação estão em jogo os interesses de classes que se manifestam em forças sociais. Os interesses a curto prazo ou são objetos de reivindicações ou podem ser assim transformados. Se esses interesses são alcançados há um efeito "econômico" de distribuição. Se há elevação do nível de participação e de organização há um "efeito político". Se há transformação ao nível da consciência há um "efeito ideológico".[49]

Esses "efeitos" consistem justamente na alteração de um vínculo determinado, de uma ordem, de uma relação estabelecida. A capacidade

---

47. Consultar Lippit, R., et alii. *The Dynamics of Planned Change*. Nova York, 1958.

48. Khinduka, S. K., e Coughlin, B. "A conceptualization of Social Action", *Social Service Review*, v. 49, março 1975, nº 1, p. 5.

49. Ver a respeito o trabalho do GRAP (Groupe de Recherche en Action Populaire), da Escola de Serviço Social da Universidade de Laval em Quebec.

de alterar uma correlação de forças supõe poder, supõe um potencial de recursos e estratégias para articular forças e alianças e debilitar, dividir o inimigo.

A acumulação de forças é um processo que se traduz em avanços e recursos de mobilização, organização, atacando e defendendo. A produção de determinado efeito é um resultado complexo das forças em presença.

A análise da situação concreta, dos interesses em jogo e dos espaços disponíveis de movimentação deve permitir um inventário dos aspectos mais frágeis do inimigo e dos aspectos mais fortes das próprias forças.

A alteração da relação de repartição e distribuição de recursos na sua quantidade e na sua forma caracteriza o efeito econômico do trabalho social.

O efeito ideológico implica a alteração do conhecimento/desconhecimento/reconhecimento do mundo a partir dos nexos e conexões estabelecidos entre fatos, a história pessoal e a história do grupo, da classe, do povo. Esses nexos são justamente personalizados nas relações paternalistas e só a práxis reflexiva na ação desvenda, corta, rompe, religa o homem à compreensão de seu lugar e de sua transformação.

É pela organização coletiva, pela mobilização de energias e alianças que se produz o efeito capaz de combater o adversário no terreno da condução histórica da sociedade civil pela criação de projetos alternativos que se impõem na prática de luta pelo poder.

Essa complexidade do trabalho social levou alguns autores a conceberem o assistente social como um superprofissional. German Zabala diz que "é óbvio que o trabalhador social tem que conhecer com certa seriedade todos os ramos da ciência humana, já que deve atuar profissionalmente no campo de todos eles, no manejo concreto do modo de produção em suas diferentes formações".[50] E para poder reaprender e apresentar a totalidade, o assistente social deve ter uma metodologia sem método, lavando seu cérebro de toda categorização para situar-se e assimilar a realidade.[51]

É preciso distinguir bem, diz Guilhon de Albuquerque, os planos e níveis de análise das práticas concretas.[52] Os conceitos de nível ideológico

---

50. Zabala, German. Post-Grado de Trabajo in CELATS, Hacia la Definición de un Post-Grado de Trabajo Social en América Latina. Lima, CELATS, *Cuaderno* n° 2, 1976, p. 17.
51. Zabala, G. *Metodología sin Método*.
52. Albuquerque, José A. Guilhon. *Instituições e Poder*. Rio de Janeiro, Graal, 1980.

(de conscientização/reconhecimento), de nível político (mobilização-organização-participação) e de nível econômico (acumulação-distribuição) constituem distinções que dependem de um contexto de análise.

Os planos de análise das práticas, dos aparelhos (articulação de práticas) e das formações (articulação de aparelhos) são cortes de uma realidade concreta e complexa. "Os níveis de análise são os lugares de análise das práticas segundo seus efeitos específicos".[53]

O trabalho teórico sobre o Serviço Social precisa, então, ordenar essa prática no pensamento, num quadro teórico global de referência.

O movimento de reconceituação, ao levantar a questão da prática teórica (tema também colocado em *Ideología y Método*) buscou retomar, no plano da análise, as práticas do Serviço Social.

Essas práticas, vistas sob o ângulo das relações humanas e das relações interindividuais, colocam-se na perspectiva dos gestionários da vida cotidiana para administrar as tensões decorrentes do processo de acumulação de capital e de lutas de classes.

As práticas do Serviço Social situam-se tanto nos aparelhos econômicos (empresas) como nos aparelhos ideológicos (escolas), como nos aparelhos políticos (delegacia, judiciário). Os aparelhos implicam a articulação de práticas diferentes, pois uma escola, que pode ser analisada sob seu efeito ideológico implica também a preparação de mão-de-obra para a produção econômica, e numa empresa a produção de bens implica a produção de disciplina, habilidade e de reconhecimento/desconhecimento do mundo.

As práticas profissionais estão situadas em aparelhos e formações sociais e seus efeitos são subordinados e articulados aos dos aparelhos, que por sua vez podem ser tomados sob ângulos diferentes, enquanto objeto de pensamento, de reflexão.

Numa empresa, em que as práticas se articulam para a produção de bens, é possível que os efeitos do Serviço Social sejam mais especificamente dados na reprodução do imaginário social (ideológico), operacionalizando o sistema de prêmios e punições pela boa produção e produtividade.

Numa escola, essa prática pode estar voltada para a reprodução da força de trabalho (bolsas de estudo) e para a legitimação do poder dominante, que distribui bolsas para fazer-se aceitar pela clientela política.

A prática profissional está subordinada aos aparelhos, que além das práticas profissionais dos serviços sociais articulam outras práticas técnicas

---

53. Idem, op. cit., p. 41.

para produzir um efeito específico dominante. A nível econômico de uma empresa, as práticas profissionais estão subordinadas à produção material de bens, à acumulação de capital.

Essas reflexões mostram que o Serviço Social, como outras profissões, não unifica a ciência ou o conhecimento, mas se situa num conjunto de poder e de poderes utilizando um saber historicamente cambiante. O que entra no âmbito de uma profissão, o que é medicalizado, psicologizado, serviço-socializado, depende dessas articulações de aparelhos a nível estrutural, e das lutas sociais e mobilizações dos trabalhadores e profissionais. E das organizações e mobilizações dos próprios profissionais para situar-se nesse aparelhos em que exercem suas habilidades.

A teoria do Serviço Social não tira, pois, seu objeto de uma definição ideal, mas se situa na articulação de mediações feitas pelas próprias instituições, e o problema do objeto só pode ser resolvido num plano de análise em que se considere seus efeitos num aparelho determinado com uma dominância determinada.

A gestão de recursos sociais — salários indiretos, benefícios —, tarefa dominante do Serviço Social, deve ser analisada segundo distintos planos. Os recursos institucionais distribuídos podem ter efeitos econômicos, por exemplo, mas produção (com o uso de óculos), políticos (submissão pela aceitação do recurso) e ideológico (reconhecimento de um favor).

O objeto de ação profissional não é um dado estático para suprir uma "carência" ou uma "resposta" a uma perturbação.

Sob o efeito de ação profissional em determinado aparelho, o problema da improdutividade, da fome, da exploração, da dominação, transformam-se em "carência" e em perturbações das relações interpessoais. A ação profissional "produz" as "carências" e a "perturbação" como formas de controle e meios para manter o saber profissional.

É tarefa da teoria da ação profissional articular as práticas dos atores sociais aos efeitos de distintos aparelhos para construir-se as forças a médio, curto e longo prazo que possam inverter e modificar tais efeitos e a estruturação desses aparelhos.

As práticas profissionais conjugam-se e situam-se num campo de forças, e as instituições nas quais se realizam são lugares de lutas onde os efeitos dominantes podem ser alterados com nova correlação de força.

Se um cliente é passivo, amordaçado, submisso a um saber/poder profissional, é porque seu poder/saber ainda não se transformou em força frente ao profissional. O saber/poder profissional tem justamente impedido esta transformação em força.

Os instrumentos de participação vão-se constituindo à medida que há poder, há força. Não são meios sem força, mas são a força dos meios.

O profissional é um suporte de relações complexas que são estabelecidas e modificadas pela estrutura global de acumulação e poder e pelas relações problemáticas que se definem em cada situação concreta.

As relações pessoais entre profissional e cliente subordinam-se às relações de poder mais globais, mas com elas também se estruturam micropoderes que são, por sua vez, recuperados ou combatidos em contextos mais amplos.

As relações profissionais não podem ser vistas como um simples instrumento de repressão, resultado de uma estrutura determinante.

A função de suporte leva a pensar na possibilidade de não suportar, pois esse suporte não é mecânico, não é um entrelaçamento de ferros e cimento, mas um entrelaçamento e um estraçalhamento de homens.

O suporte modifica-se nas conjunturas de tensão e pressão. A análise da situação concreta deve compreender pois as relações estruturais de poder e força e as relações de força conjunturais e situacionais no sentido de abrir possibilidades de aliança, combate, transformações. Só assim se pode ir concretizando a ação transformadora (de que tanto se fala no movimento de reconceituação).

Essa ação depende de forças e não da vontade, desejos de cada um e nem de uma mudança automática de relações estruturais.

Nas relações pessoais combinam-se as relações estruturais com relações de força situacionais, em que a liderança, a personalidade, a habilidade, têm seu lugar e sua importância.

Essa combinação sistemática permite então a elaboração de estratégias e táticas que vão ser utilizadas em cada situação.

As relações profissionais não são padronizadas, estáticas, neutras. Basta um exemplo. As relações de um policial com um branco, bem vestido, portador de um título de doutor são diferentes das relações com um negro, maltrapilho e analfabeto, como o demonstram várias reportagens e estudos.

Não se deve cair tampouco na generalização abstrata, no determinismo geral e dogmático, ou num esquematismo rígido, esquecendo-se as relações particulares e singulares. Elas são mediações para descobrir as relações de força e de exploração e para agir sobre elas.

A atuação profissional muda de eixo. Não é mais sobre indivíduo e seu comportamento que se atua, mas sobre suas *relações*, sobre seus *vínculos*, suas *estratégias*, seus *espaços*, seus nexos problemáticos.

As relações de favor podem modificar-se em relações de poder pela recusa, pela pressão, pela exigência, aí sim, de uma contestação na base da força. A força transforma-se em "clínica" à medida que liberta e abre novo conhecimento do jogo do poder e das opressões.

As correlações entre indivíduo e movimento social, pressão social, mesmo numa relação profissional individualizada, modificam o objeto da intervenção.

Os espaços da intervenção são vistos nos seus limites de poder, de micropoderes que só novas alianças e movimento podem transformar. O diálogo é tático e não erigido em sistema absoluto, podendo transformar-se em conflito em novas conjunturas. O diálogo também é poder, pois o poder não é somente repressivo, segundo Foucault.[54]

O poder não é só repressão ou submissão, mas disciplina/indisciplinas, planejamento/contraplanejamento, discurso/silêncio, verdades/mentiras, sujeições/revoltas, convites/recusas, restrições/desejos. Diz Foucault que o "poder passa através do indivíduo que ele constituiu".

A problemática das relações de poder, tal como é aqui colocada, não parte de um esquema absoluto e rígido, mas de articulações desiguais e combinadas nas quais quem pensa que está enganando pode até estar enganado.

A dominação burguesa articula esses poderes, mas também é modificada por eles, devendo fazer concessões, utilizar recursos com a maior ou menor contribuição dos profissionais.

As práticas sociais não são o resultado de uma definição ideal, nem tampouco de uma lei imutável das coisas, pois os homens constroem os meios que os condicionam, numa luta constante de interesses.

As classes dominantes tentam, no interior dos aparelhos, fazer seus interesses hegemônicos e dominantes. Maquiavel já dizia que o ideal para o príncipe é ser amado e temido, mas como é difícil reunir ao mesmo tempo as duas qualidades, o príncipe deve "fazer-se temer de maneira que, se não se fizer amado, pelo menos evite o ódio, pois é fácil ser ao mesmo tempo temido e não odiado".[55]

Ora, na articulação de práticas de atores diferentes entram em confrontação interesses diferentes, opostos ou antagônicos. E é na análise dessas forças, desses interesses e de sua presença no interior do aparelhos, que

---

54. Foucault, Michel. *Microfísica do Poder*. Rio de Janeiro, Graal, 1979, capítulo XII.
55. Maquiavel, N. *O Príncipe*. São Paulo, Abril, 1979, p. 70.

os profissionais podem visualizar lutas, alianças, transformações, articuladas com os movimentos sociais mais amplos da sociedade civil.

A questão que se põe agora é um desafio, é uma questão de estratégia de análise e de articulações, pois um cliente já não pode mais ser considerado um átomo isolado, um indivíduo cortado, segmentado, mas um conjunto de relações sociais.

# A Política Social do Estado Capitalista
10ª edição (2007)

## Vicente de Paula Faleiros

*216 páginas*
*ISBN 978-85-249-0237-6*

A primeira parte desta obra objetiva situar o alcance das medidas de política social no desenvolvimento do capitalismo e da luta de classes, não se tratando de uma análise formal, mas de uma apresentação do debate teórico em torno dessas políticas (restritivas, expansivas, repressivas, educativas, em saúde, em assistência, na previdência social etc.) e de suas funções no Estado capitalista.

A segunda parte analisa as lutas e resistências pela implantação e desenvolvimento de políticas sociais, sobretudo da previdência social, apresentando dois contextos: um europeu, norte-americano e canadense, e outro, latino-americano, complementados com uma análise da política social, da previdência social em vários países, principalmente na Europa e América latina.

O livro traz um capítulo sobre o neoliberalismo e as políticas sociais e discute as questões da cidadania social na contemporaneidade. Trata-se de um trabalho que mostra que as conquistas no campo da política social são o resultado de lutas sociais onde interferem poderosas forças favoráveis e contrárias à sua implantação.

# Saber Profissional e Poder Institucional
7ª edição (2007)

## Vicente de Paula Faleiros

*160 páginas*
ISBN 978-85-249-0049-5

**LEIA TAMBÉM**

Esta coletânea de escritos retoma uma temática comum de grande repercussão nos meios profissionais, ou seja, a relação existente entre o saber profissional e o poder político. Algumas das perguntas que surgem a respeito são: Que poder exercem os profissionais através do saber? Seu saber é autônomo? Há uma metodologia própria da profissão? As instituições condicionam toda atuação profissional? Que relação estabelece o profissional com o público que atende?

Na perspectiva de análise aqui presente considera-se que saber profissional e poder institucional são formas históricas de relação entre classes e forças sociais e da relação entre Estado e sociedade. A produção e a organização do saber profissional são processos de domínio e de legitimação de classe, de controle e de direcionamento da dinâmica social. O saber é uma forma de enfrentar desafios da natureza como de contornar ou estimular conflitos, de justificar ou criticar a ordem social, de articular a continuidade ou transformação da sociedade e se coloca no processo da luta de classes e da correlação de forças sociais.

**LEIA TAMBÉM**

## Trabalho e Indivíduo Social

2ª edição (2006)

**Marilda Villela Iamamoto**

*296 páginas*
ISBN 85-249-0817-3

Neste livro, Marilda Iamamoto, fundamentada na teoria social crítica, coloca em evidência, com particular mérito, a centralidade do trabalho na vida dos indivíduos sociais na sociedade capitalista. O contexto é a "modernidade arcaica" que peculiariza o desigual desenvolvimento histórico do país.

Ao revelar a presença do sujeito na produção teórica de Marx, desvenda valores que orientam as relações entre indivíduos e o reino mercantil, e sobretudo nos mostra que, ao avançar no processo de proletarização, esses trabalhadores perdem o controle de suas próprias vidas, o que vai gerar mudanças em sua sociabilidade e subjetividade. Neste processo analítico, a autora dá visibilidade à alienação do trabalho e ao processo pelo qual ela é experimentada e enfrentada por indivíduos concretos.